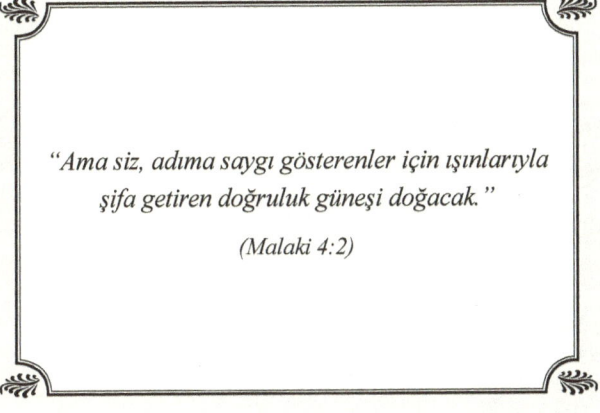

*"Ama siz, adıma saygı gösterenler için ışınlarıyla
şifa getiren doğruluk güneşi doğacak."*

(Malaki 4:2)

ŞİFA VEREN TANRI: Dr. Jaerock Lee
Urim Kitapları tarafından yayınlanmıştır (Temsilci: Seongkeon Vin)
235-3, Guro-dong 3, Guro-gu, Seul-Kore
www.urimbooks.com

Seul, Kore'de bulunan Urim Kitapları tarafından ilk Korece basılmıştır 1992.

İlk Basım Şubat 2013

Editör: Dr. Geumsun Vin
Çeviren: Melisa Arslan
Tasarım: Urim Kitapları Editoryal Büro
Seul, Kore'de Yewon Basımevi tarafından basılmıştır.
Daha çok bilgi için urimbook@hotmail.com

Dr. Jaerock Lee

ŞİFA VEREN TANRI

URIM BOOKS

Basım Üzerine Notlar

Materyal medeniyet ve refah düzeyi ilerlemeye ve gelişmeye devam ettikçe, insanların daha çok vakti ve ayıracak zamanları olduğunu görürüz. Dahası, saha sağlıklı ve rahat yaşama sahip olabilmek için, insanlar para ve zamana yatırım yapar, mevcut pek çok faydalı bilgiyi dikkatle izlerler.

Ancak insanın hayatı, yaşlanması, hastalık ve ölümleri Tanrı'nın hâkimiyeti altında olduğundan, para veya bilginin kudretiyle kontrol edilemez. Bunlara ek olarak, asırların birikimiyle meydana gelen insanoğlunun bilgisiyle, oldukça yüksek kalitede ki tıp bilimine rağmen tedavisi mümkün olmayan ve ölümcül hastalıklardan çeken hastaların sayısında daimi bir artış olduğu gerçeği inkâr edilemez.

Dünya tarihi boyunca, çeşitli inanç ve bilgilerle – Buda ve Konfüçyüs gibi – donatılmış sayısız insan olmuştur, ama bu soruyla karşılaştıklarında hepsi sessizliklerini korumuş ve hiç biri yaşlanmaktan, hastalıktan ve ölümden kaçamamıştır. Bu soru günahla ve insanoğlunun kurtuluş meselesiyle alakalıdır ve her ikisi de insanla çözümlenemez.

Bu gün kolayca ulaşılabilen ve toplumuzu hastalıklardan arınmış ve sağlıklı kılmaya hazır pek çok hastane ve eczane vardır. Bununla birlikte, bedenlerimiz ve dünya, basit bir nezleden tutun da teşhisi yapılamayan hastalıklar ve hiçbir tedavisi olmayan rahatsızlıklarla kuşatılmıştır. İnsanlar iklimi ve çevreyi suçlamakta çok hızlı davranır veya bu durumu doğal ve fizyolojik bir fenomen olarak algılamaya hazır ilaçlarla tıp bilimine sarılırlar.

Temel şifayı almak ve sağlıklı bir yaşam sürmek için her birimiz hastalığın kaynağını ve nasıl şifa alacağımızı anlamalıyız. Müjde ve Gerçeğe göre her zaman iki yön vardır; onları kabul etmeyen insanları lanet ve ceza beklerken, kabul edenleri de kutsamalar ve yaşam bekler. Kendilerini bilge ve akıllı sayan Ferisiler ve yasanın öğretmenleri gibi kişilerden gerçeğin saklanması Tanrı'nın isteği olduğu gibi, küçük çocuklar gibi gerçeği arzulayan ve yüreklerini açanlara ifşa edilmeleri de Tanrı'nın bir isteğidir (Luka 10:21).

Tanrı, açık bir şekilde kendisine itaat eden ve buyruklarına göre yaşayanlara kutsamaların vaadini verirken, buyruklarına itaat etmeyenlere lanet ve her türlü hastalığı bulaştıracağını detaylıca yazmıştır (Yasa'nın Tekrarı 28:1-68).

Tanrı'nın sözünü, inanmayanlara ve hatta önemsemeyen inananlara hatırlatarak, bu çalışma bu kişileri hastalık ve rahatsızlıklardan özgür kılacak doğru yola yönlendirmeyi amaçlar.

Olabildiğince çok Tanrı'nın sözünü duymanız, okumanız, anlamanız ve gıdanız haline getirmeniz ve kurtuluşla şifanın Tanrı'sının gücüyle küçük-büyük hastalıklarınıza şifa bulmanız, sağlığın her zaman sizinle ve ailenizle olması için Rab'bimiz adıyla dua ediyorum.

Jaerock Lee

İçindekiler

Bölüm 1

Hastalığın Kökeni
ve Şifa Işını

Malaki 4:2

*"Ama siz, adıma saygı gösterenler için ışınlarıyla şifa
getiren doğruluk güneşi doğacak. Ve çıkıp ahırdan
salınmış buzağılar gibi sıçrayacaksınız."*

Hastalığın Temel Nedeni

Yeryüzünde ki yaşamları sırasında mutlu ve sağlıklı yaşam sürmeyi arzu eden insanlar, sağlık için iyi olduğu bilinen yiyecekleri tüketir, daha başka yöntemleri arar ve bunları dikkatle izlerler. Ancak materyal medeniyet ve tıp biliminin gelişimine rağmen gerçek, tedavisi mümkün olmayan ve ölümcül hastalıkların önlenemez olduğudur.

İnsanoğlu yeryüzünde ki yaşamı esnasında, hastalıkların verdiği azaptan azat olamaz mı? İnsanlar iklimi ve çevreyi suçlamakta çok hızlı davranır veya bu durumu doğal ve fizyolojik bir fenomen olarak algılamaya hazır ilaçlarla tıp bilimine sarılırlar. Ancak tüm hastalık ve rahatsızlıkların kaynağı belirlendikten sonra onlardan kurtulabilirler.

Kutsal Kitap bizlere bir kişinin hastalıklardan uzak bir yaşam sürebileceği temel yolları ve hasta bir kişinin şifa alabileceği temel yolları sunar:

Ben, Tanrınız RAB'bin sözünü dikkatle dinler, gözümde doğru olanı yapar, buyruklarıma kulak verir, bütün kurallarıma uyarsanız, Mısırlılar'a verdiğim hastalıkların hiçbirini size vermeyeceğim dedi, "Çünkü size şifa veren RAB benim." (Mısır'dan Çıkış 15:26).

Bu, insanın yaşamını, ölümünü, lanetini ve kutsamalarını kontrol eden Tanrı'nın sadık sözüdür.

Öyleyse hastalık nedir ve bir kişi niçin hastalanır? Tıpta "hastalık" terimi bir kişinin bedeninin çeşitli yerlerinde meydana gelen – sağlıkta sıra dışı veya anormal bir durum – tüm bozuklukları içine alır ve çoğunlukla bir bakteri tarafından gelişir ve yayılır. Diğer bir deyişle hastalık, hastalığa neden olan bir zehirlenme veya bakteri tarafından tetiklenen bedende bir anormalleşme durumudur.

Mısır'dan Çıkış 9:8-9, Mısır'da ki çıban belasının getiriliş sürecini anlatır:

> RAB Musa'yla Harun'a, "Yanınıza iki avuç dolusu ocak kurumu alın" dedi, "Musa kurumu firavunun önünde göğe doğru savursun. Kurum bütün Mısır'ın üzerinde ince bir toza dönüşecek; ülkenin her yanındaki insanların, hayvanların bedenlerinde irinli çıbanlar çıkacak."

Mısır'dan Çıkış 11:4-7 ayetlerinde Tanrı'nın İsrail halkını Mısır halkından ayırmasını okuruz. Tanrı'ya ibadetlerini yerine getiren İsrail halkından kimseye bela bulaşmazken, ne Tanrı'ya ibadet eden ne de O'nun isteğine göre yaşayan Mısırlıların ilk çocuklarına bulaşmıştır.

Kutsal Kitap boyunca hastalığın dahi Tanrı'nın hâkimiyeti altında olduğunu öğreniriz. Tanrı kendisine saygı gösterenleri hastalıktan korurken, günah işleyenlere bulaşır çünkü Tanrı böyle bireylere yüzünü döner.

Öyleyse niçin hastalık ve hastalıkların verdiği ıstırap vardır? Bu, Tanrı'nın insanoğlu hastalıkların tehlikesi altında yaşasın diye hastalıkları yaratılış esnasında yarattığı anlamına mı gelir? Yaratan Tanrı, insan ırkını yarattı ve evrende ki her şeyi iyiliği, doğruluğu ve sevgisiyle kontrol eder.

Yaratılış 1:26-28 ayetleri şöyle der:

Tanrı, "İnsanı kendi suretimizde, kendimize benzer yaratalım" dedi, "Denizdeki balıklara, gökteki kuşlara, evcil hayvanlara, sürüngenlere, yeryüzünün tümüne egemen olsun. Tanrı insanı kendi suretinde yarattı. Böylece insan Tanrı suretinde yaratılmış oldu. İnsanları erkek ve dişi olarak yarattı. Onları kutsayarak, "Verimli olun, çoğalın" dedi, "Yeryüzünü doldurun ve denetiminize alın; denizdeki balıklara, gökteki kuşlara, yeryüzünde yaşayan bütün canlılara egemen olun."

İnsan için en uygun çevreyi yarattıktan sonra (Yaratılış 1:3-25), Tanrı kendi suretinde insanı yarattı, onu kutsadı ve onlara en yüksek ölçüde özgürlük ve otorite verdi.

Zaman geçtikçe insanlar, Tanrı'nın buyruklarına itaat ederek Tanrı vergisi kutsamaların tadına özgürce vardılar ve gözyaşlarının, kederin, azap ve hastalıkların olmadığı Cennet bahçesinde yaşadılar. Tanrı yarattığı her şeyin iyi olduğunu görünce (Yaratılış 1:31) şöyle buyurdu: *"Bahçede istediğin ağacın meyvesini yiyebilirsin. Ama iyiyle kötüyü bilme*

*ağacından yeme. Çünkü ondan yediğin gün kesinlikle
ölürsün. "* (Yaratılış 2:16-17).

Ancak hilekâr yılan, insanların Tanrı'nın buyruğunu
akıllarında tutmak yerine ihmal ettiğini görünce, ilk insan
Âdem'in eşi Havva'nın aklını çeldi. Âdem ile Havva, iyilikle
kötülüğün bilgisini taşıyan ağacın meyvesinden yiyerek günah
işlediğinde (Yaratılış 3:1-6). Tanrı'nın uyardığı gibi, ölüm insan
ırkının hayatına girdi (Romalılar 6:23).

İtaatsizlik günahını işledikten sonra günahlarının ücreti olan
ölüm cezasıyla yüzleşen insanın ruhu da –yani efendisi- öldü ve
Tanrı ile insan arasında var olan komünyon kesildi. Cennet
Bahçesinden kovuldular ve gözyaşları, keder, azap, hastalık ve
ölümle yaşamaya başladılar. Yeryüzünde ki her şey
lanetlendiğinden, toprak diken ve çalı verdi ve ancak alın teri
dökerek ekmeklerini kazanabildiler (Yaratılış 3:16-24).

Bu sebeple, hastalığın çıkış sebebi, Âdem'in itaatsizliğinin
getirdiği ilk günahtır. Âdem Tanrı'ya itaatsizlik etmemiş olsaydı,
Cennet Bahçesinden kovulmayacak ama her daim sağlıklı bir
yaşam sürecekti. Diğer bir deyişle bir insan yüzünden tüm
insanlar günahkâr olmuş ve her türlü hastalığın tehlike ve azabı
altında yaşamaya başlamışlardır. Önce günah sorunu
çözülmeden, yasanın gereklerini yapmakla hiç kimse Tanrı
katında aklanmayacaktır (Romalılar 3:20).

Işınlarıyla Şifa Getiren Doğruluk Güneşi

Malaki 4:2 bize şöyle der, *"Ama siz, adıma saygı gösterenler için ışınlarıyla şifa getiren doğruluk güneşi doğacak. Ve çıkıp ahırdan salınmış buzağılar gibi sıçrayacaksınız."* Burada "doğruluk güneşi", Mesih'tir.

Yıkımın ve hastalıkların azap yolunda ki insanoğluna Tanrı acıdı ve İsa Mesih'in çarmıha gerilmesi ve kanının dökülmesi yoluyla bizleri günahlarımızdan kurtardı. Bu nedenle İsa Mesih'i kabul eden, günahlarından bağışlanan ve kurtuluşu alan herkes, hastalıklardan azat ve sağlıklı bir yaşam sürebilirler. Tüm şeyler üzerinde lanet olduğundan, insan nefes aldığı süre boyunca hastalıkların tehlikesi altında yaşamak zorunda kalmıştır ama Tanrı'nın sevgisi ve lütfu sayesinde şimdi hastalıklardan özgür bir yaşam yolu önlerinde açılmıştır.

Tanrı'nın çocukları kanlarını dökme pahasına günahlarına karşı direndiklerinde (İbraniler 12:4) ve O'nun sözüne göre yaşadıklarında, Tanrı'nın alev saçan ateş misali gözleri tarafından korunacak ve Kutsal Ruh'un ateşten duvarı onlara kalkan olacaktır. Böylelikle, havada ki hiçbir zehir bedenlerine nüfuz edemeyecektir. Hatta bir kişi hastalansa dahi, eğer tövbe eder ve bu yoldan dönerse, Tanrı hastalığı yakacak ve etkilenmiş bölgeleri iyileştirecektir. "Doğruluk güneşinin" şifası budur.

Modern tıp, günümüzde çeşitli hastalıkların önlenmesi ve tedavisinde yaygın olarak kullanılan ultraviyole terapisini geliştirmiştir. Ultraviyole ışınları, bedenlerin mikroplardan temizlenmesi ve kimyasal değişimlere neden olması bakımından oldukça etkindir. Bu terapi, kolon basili, difteri ve dizanteri basilini %99 yok edebilir ve ayrıca tüberküloz, anemi, romatizma ve deri hastalıklarında da etkindir. Ultraviyole terapisi gibi faydalı ve güçlü bu tedavi bile tüm hastalıklara uygulanamaz.

Sadece kutsal metinlerde bahsi geçen "ışınlarıyla şifa getiren doğruluk güneşi", tüm hastalıkları iyileştiren gücün ışınıdır. Doğruluk güneşinin ışınları her türlü hastalığa uygulanabilir ve tüm insanlara uygulanabildiğinden Tanrı'nın iyileştirme yolu gerçekten basit ama bütüncüldür ve esasen en iyisidir.

Kilisemi kurduktan kısa bir süre sonra, ölümün kıyısında olan felç ve kanser hastası bir adam sedye üzerinde bana getirildi. Konuşamıyordu çünkü dili sertleşmişti ve hareket edemiyordu çünkü tüm vücudu felçliydi. Doktorlar umudu kestiklerinden, hastanın Tanrı'nın gücüne inanan karısı eşine kendisini Tanrı'ya teslim etmesini istedi. Tek yolun Tanrı'ya sarılmak ve O'na yalvarmak olduğunu kavraması üzerine, hasta uzanır halde dahi ibadet etmeye çabaladı ve karısı da içten bir iman ve sevgiyle Tanrı'ya yalvardı. Her ikisinin imanını görünce bende bu hasta için kendimi adayarak dua ettim. Karısına daha önce İsa'ya inandığı için zulüm eden adam kısa bir süre içersinde yüreğini temizleyerek tövbe etmeye başladı ve Tanrı şifa veren ışınları gönderip hastanın bedenini Kutsal Ruh'un ateşiyle dağladı ve vücudunu temizledi. Haleluya! Hastalığa neden asıl sorun dağlandığından, adam kısa zaman da yürümeye ve koşmaya başladı ve tekrar iyi oldu. Manmin üyelerinin Tanrı'yı nasıl yücelttiklerini ve Tanrı'nın bu hayretlere düşüren şifasını yaşamış olmaktan nasıl sevinmiş olduklarını söylemeye bile gerek yok!

Adıma Saygı Duyan Senin İçin

Bizim Tanrımız, kâinatta ki her şeyi Sözü ve insanı topraktan yaratan kudretli Tanrı'dır. Böylesi bir Tanrı'mız olduğundan, eğer imanımızla bütünüyle O'na güvenirsek hastalansak dahi bizi görür, imanımızı tanır ve memnuniyetle bizlere şifa verir. Bir hastanede şifaya kavuşmakta bir yanlışlık yoktur ama Tanrı Kendisinin Her Şeyi Bilen ve Gücü Yeten olduğuna inanan çocuklarının samimi çağrısından, şifa bulmalarından ve kendisine övgüler dizmelerinden hoşnutluk duyar.

2. Krallar 20:1-11 ayetlerinde Asurlular ülkesini istila ettiği zaman hastalanan ama Tanrı'ya dua ettikten üç gün sonra tamamıyla iyileşen ve hayatı on beş sene uzayan Yahuda Kralı Hizkiya'nın hikayesi anlatılır.

Peygamber Yeşaya yoluyla Tanrı Hizkiya'ya şöyle der: *"Ev işlerini düzene sok. Çünkü iyileşmeyecek, öleceksin"* (2. Krallar 20:1; Yeşaya 38:1). Diğer bir deyişle, Hizkiya'ya ölüm hükmü çıkmış, kendisini ölüme hazırlanması, krallığı ve ailesiyle işlerini düzene koyması söylenmiştir. Ancak Hizkiya hemen yüzünü duvara dönüp RAB'be yalvarmıştır (2. Krallar 20:2). Kral, hastalığının nedeninin Tanrı ile olan ilişkisi olduğunu kavramış, her şeyi bir kenara koymuş ve çözümlemek için dua etmiştir.

Hizkiya Tanrı'ya kendini adayarak ve gözyaşları içinde dua ederken Tanrı krala, *"Duanı işittim, gözyaşlarını gördüm. Bak, ömrünü on beş yıl daha uzatacağım. Bu kenti savunacak, seni de kenti de Asur Kralı'nın elinden kurtaracağım."* (Yeşaya 38:5-6) demiştir. Tanrı'nın "duanı işittim, gözyaşlarını gördüm" sözünden Hizkiya'nın nasıl içten dua etmiş olduğunu kavrayabiliriz.

Hizkiya'nın ricasını kabul eden Tanrı, kralı tamamen iyileştirmiştir ve böylece üç gün içinde Rab'bin tapınağa çıkabilmiştir. Dahası Tanrı, Hizkiya'nın hayatını on beş yıl daha uzatmış ve hayatının geri kalan kısmı boyunca Yeruşalim Kentini Asur tehdidinden korumuştur.

Hizkiya, bir kişinin yaşam ve ölüm meselesinin Tanrı'nın hâkimiyeti altında olduğunu bildiğinden, Tanrı'ya dua etmek kendisi için en önemli şeydi. Tanrı, Hizkiya'nın alçakgönüllü yüreğinden ve imanından hoşnut oldu ve şifa bulacağının vaadini verdi. Hizkiya iyileştiğinin bir işaretini istediğinde RAB Ahaz'ın merdiveninden aşağı düşmüş olan gölgeyi on basamak kısalttı (2. Krallar 20:11). Bizim Tanrı'mız şifanın Tanrı'sıdır ve arayanlara istediklerini veren çok düşünceli bir Baba'dır.

Öte yandan 2. Tarihler 16:12-13 ayetlerinde şunu buluruz: *"Asa, krallığının otuz dokuzuncu yılında ayaklarından hastalandı. Durumu çok ağırdı. Hastalığında RAB'be yöneleceğine hekimlere başvurdu. Asa krallığının kırk birinci yılında ölüp atalarına kavuştu."* Sonunda tahta çıktığında *"Atası Davut gibi RAB'bin gözünde doğru olanı yaptı"* (1. Krallar 15:11). Önceleri bilge bir kraldı ama yavaş yavaş Tanrı'ya olan imanını kaybetti ve daha çok insana güvenmeye başladı ve Tanrı'nın yardımını alamadı.

İsrail kralı Baaşa, Yahuda'yı istila ettiğinde Asa Tanrı'ya değil ama Aram Kralı Ben-Hadad'a güvendi. Bu sebeple Bilici Hanani tarafından kınandı ama yine de yolundan dönmedi ve aksine biliciyi cezaevine attırdı ve kendi halkına baskı yaptı (2. Tarihler 16:7-10).

Asa, Aram kralına güvenmeye başlamadan önce Tanrı, Aram'ın ordusuna müdahale etti ki Yahuda'yı işgal etmesin. Tanrı yerine Aram kralına güvenmeye başladığı andan itibaren Yahuda kralının Tanrı'dan aldığı yardım kesildi. Dahası, Tanrı'dan ziyade hekimlerin yardımını aradığı içi Asa'dan mutlu değildi. Bu sebeple ayaklarından hastalandıktan iki yıl sonra Asa ölmüştür. Her ne kadar Asa Tanrı'ya olan imanını dile getirmiş olsa da imanını ne eyleme dökmüş ne de Tanrı'ya yakarmıştı ve kudretli Tanrı, kral için hiçbir şey yapmadı.

Tanrı'nın şifa ışınları her türlü hastalığı iyileştirir; felçli ayağa kalkıp yürüyebilir, kör görmeye başlar, sağır duyar ve ölü yaşama geri döner. Bu nedenle, Şifa veren Tanrı'nın sınırsız gücü olduğundan hastalığın ciddiyetinin hiçbir önemi yoktur. En hafif hastalık nezleden en ağır hastalık kansere kadar Şifa veren Tanrı için hepsi birdir. En önemlisi Tanrı'nın huzuruna çıktığımız yüreğimizdir. Yüreğimiz ya Asa ya da Hizkiya'dır.

İsa Mesih'i kabul etmeniz, günaha olan sorununuza çözüm almanız, imanda doğru sayılmanız, alçakgönüllü bir yüreğe sahip olmanız ve Hizkiya'nın ki gibi eylemlerin eşlik ettiği imanla ve alçakgönüllü bir yürekle Tanrı'yı memnun etmeniz, her türlü hastalığa şifa bulmanız ve her zaman sağlıklı bir yaşam sürmeniz için Rab'bimizin adıyla dua ediyorum.

Bölüm 2

İyi Olmayı İstiyor musunuz?

Yuhanna 5:5-6

"Orada otuz sekiz yıldır hasta olan bir adam vardı. İsa hasta yatan bu adamı görünce ve uzun zamandır bu durumda olduğunu anlayınca, 'İyi olmak ister misin?' diye sordu?"

İyi Olmayı İstiyor musunuz?

Vaktiyle Tanrı'yı bilmeyen, arayan ve O'nun huzuruna gelen insanların pek çok örneği vardır. Bazıları iyi vicdanlarını izleyerek O'na ulaşırken, diğerleri İncil'i öğrenerek ulaşır. Bazıları ise işlerinin başarısızlığı veya ailede huzursuzluk gibi yaşamlarında kuşkuyu tecrübe edindikten sonra, Tanrı'yı bulurlar. Hatta bir kısmı azap veren fiziksel acı veya ölüm korkusundan dolayı ısrarcı bir yürekle Tanrı'nın huzuruna gelirler.

Otuz-sekiz yıl hasta olup acı çeken ve Beytesta denilen bir havuzda yatan bir hasta gibi hastalığınızı tamamıyla Tanrı'ya teslim ederek ve iyileşmek için her şeyden çok şifa bulmayı arzu etmelisiniz.

Yeruşalim'de Koyun Kapısının yanında İbranice "Beytesta" denilen bir havuz vardı. Bu havuz beş eyvanla çevreleniyordu ve bu eyvanların altında kör, kötürüm, felçli hastalardan bir kalabalık yatardı çünkü efsaneye göre ara sıra Tanrı'nın bir meleğinin aşağıya inip suyu ısıttığına inanılırdı. "Merhamet Evi" anlamına gelen havuz suyuna her ısıtılışından sonra ilk giren insanın, her türlü hastalığından iyileşeceğine inanılıyordu.

Otuz-sekiz yıl hastanın havuzun kenarında yattığını ve bunca zaman çektiğini gören İsa ona şöyle sordu: *"İyi olmak ister misin?"* (Yuhanna 5:6). Hasta şöyle yanıt verdi: *"Efendim, su çalkandığı zaman beni havuza indirecek kimsem yok, tam gireceğim an benden önce başkası giriyor"* (Yuhanna 5:7). Böylece hasta, tüm içtenliğiyle şifa bulmayı arzuladığını ama bunu kendi başına yapamadığını itiraf etmiş oldu. Rab'bimiz onun yüreğini gördü ve şöyle dedi: *"Kalk, şilteni topla ve yürü,"* ve o anda hasta adam iyileşti. Şiltesini toplayıp yürüdü (Yuhanna 5:8).

İsa Mesih'i Kabul Etmelisiniz

Otuz-sekiz yıl hasta olan adam, İsa Mesih ile tanıştığında anında şifa buldu. Gerçek yaşamın kaynağı İsa Mesih'e inandıkça tüm günahları bağışlandı ve hastalığından iyileşti.

Aranızda hastalığından dolayı ıstırap içinde olan var mı? Eğer hastaysanız ve Tanrı huzuruna gelerek şifa bulmayı diliyorsanız önce İsa Mesih'i kabul etmeli, Tanrı'nın çocuğu olmalı ve Tanrı ile kendiniz aranızda ki her engeli yıkmak için bağışlanmalısınız. Sonra Tanrı'nın Her Şeyi Bilen ve Her Şeye Gücü yeten olduğunu ve her mucizeyi gerçekleştirebileceğine inanmalısınız. Ayrıca İsa'nın acısı sayesinde tüm hastalıklarımızdan kurtulduğumuza ve İsa Mesih'in adıyla şifa bulacağımıza inanmalısınız.

Böylesi bir imanla istediğimiz zaman Tanrı bizim imanla ettiğimiz duayı duyar ve şifa işini ortaya koyar. Hastalığınız ne kadar uzun süreli ya da ciddi olursa olsun hastalığınızın tüm sorunlarını Tanrı'ya teslim ettiğinizden emin olun ve Tanrı'nın gücü sizi iyileştirdiğinde tekrar bir bütün olabileceğinizi aklınızda tutun.

Markos 2:3-12 ayetlerinde betimlenen felçli, İsa'nın

Kefarnahuma'a geldiğini duyar duymaz huzuruna çıkmayı istedi. İsa'nın çeşitli hastalıkları iyileştirdiği, cinleri kovduğu ve deri hastalarına şifa dağıttığı haberlerini duyması üzerine felçli eğer inanırsa kendinin de şifa bulacağını düşündü. Kalabalık yüzünden İsa'nın yakınına gidemeyeceğini anladığı zaman, arkadaşlarının yardımıyla İsa'nın bulunduğu yerin üzerinde damı delip açarak şiltesiyle aşağıya, İsa'nın önüne indirildi.

Felçli adamın İsa'nın huzuruna çıkmayı nasıl arzulamış olduğunu bu olayla hayal edebiliyor musunuz? Kalabalık yüzünden ilerleyemeyen ve hareket edemeyen felçli adamın gösterdiği imana ve arkadaşların yardımıyla ortaya koyduğu adamaya İsa nasıl bir tepki gösterdi? İsa, kötü davranışı için felçliyi azarlamak yerine ona şöyle dedi:"Oğlum, günahların bağışlandı" ve ayağa kalıp yürümesine izin verdi.

S. Özdeyişleri 8:17'de Tanrı bize şöyle der, *"Beni sevenleri ben de severim, Gayretle arayan beni bulur."* Hastalıkların ıstırabından özgür olmayı istiyorsanız, önce içtenlikle iyileşmeyi arzulamalı, hastalık sorununu çözen Tanrı'nın gücüne inanmalı ve İsa Mesih'i kabul etmelisiniz.

Günah Duvarını Yıkmalısınız

Tanrı'nın gücü sayesinde iyileşeceğinize ne kadar çok inanırsanız inanın, sizin ve Tanrı'nın arasında örülmüş bir günah duvarı varsa Tanrı sizin için bir şey yapmaz. Bu sebeple Yeşaya

1:15-17 ayetlerinde Tanrı bize şöyle demiştir: *"Ellerinizi açıp bana yakardığınızda Gözlerimi sizden kaçıracağım. Ne kadar çok dua ederseniz edin dinlemeyeceğim. Elleriniz kan dolu. Yıkanıp temizlenin, Kötülük yaptığınızı gözüm görmesin, Kötülük etmekten vazgeçin. İyilik etmeyi öğrenin, Adaleti gözetin, zorbayı yola getirin, Öksüzün hakkını verin, Dul kadını savunun,"* ve bir sonra ki ayet olan 18'de ise şu vaatte bulunmuştur: *"Gelin, şimdi davamızı görelim. Günahlarınız sizi kana boyamış bile olsa Kar gibi ak pak olacaksınız. Elleriniz kırmız böceği gibi kızıl olsa da Yapağı gibi bembeyaz olacak."*

Ayrıca Yeşaya 59:1-3 ayetlerinde şunu buluruz:

Bakın, RAB'bin eli kurtaramayacak kadar kısa, Kulağı duyamayacak kadar sağır değildir. Ama suçlarınız sizi Tanrınız'dan ayırdı. Günahlarınızdan ötürü O'nun yüzünü göremez, Sesinizi işittiremez oldunuz. Çünkü elleriniz kanla, Parmaklarınız suçla kirlendi. Dudaklarınız yalan söyledi, Diliniz kötülük mırıldanıyor.

Tanrı'yı bilmeyen, İsa Mesih'i kabul etmemiş ve kendi isteklerine göre yaşam süren insanlar günahkâr olduklarını kavrayamazlar. İnsanlar, İsa Mesih'i kabul ettikleri ve ödül olarak Kutsal Ruh'u aldıklarında Kutsal Ruh, günah, doğruluk ve gelecek yargı konusunda dünyayı suçlu olduğuna ikna edecektir ve böylece insanlar günahkar olduklarını kabul edip bunu dile getireceklerdir (Yuhanna 16:8-11).

Ama insanların günahın ne olduğunu detaylıca bilmedikleri durumlar olduğundan ve dolayısıyla içlerinde ki günahı ve kötülüğü söküp atamamaları ve Tanrı'dan karşılık alamadıklarından, önce günahın Tanrı'nın nazarında ne olduğunu bilmelilerdir. Tüm hastalık ve rahatsızlıklar günahtan geldiğinden, ancak kendinize dönüp baktığınızda ve günah duvarını yıktığınızda şifanın hızlı işleyişini tecrübe edinebilirsiniz.

Kutsal metinlere göre günahın ne olduğunu ve günah duvarını nasıl yıkacağımızı detaylıca inceleyelim

1. Tanrı'ya inanmamış ve İsa Mesih'i kabul etmemiş olmaktan tövbe etmelisiniz.

İncil bizlere Tanrı'ya inançsızlığın ve İsa Mesih'i Kurtarıcımız olarak kabul etmemenin günah olduğunu söyler (Yuhanna 16:9). İnanmayanların pek çoğu iyi hayatlar sürdüklerini söylerler ama bu insanlar kendilerini doğru bir şekilde tanımazlar çünkü gerçeğin sözünü, yanı Tanrı'nın ışığını bilmezler ve doğruyu yanlıştan ayıramazlar.

Hatta bir kişi iyi bir hayat sürdüğünden emin dahi olsa eğer hayatı kâinatta ki her şeyi yaratan, yaşamı, ölümü, laneti ve bereketleri kontrol eden kudretli Tanrı'nın Sözü olan gerçek üzerlerine yansırsa, pek çok doğruluk ve gerçek dışı şey bulunacaktır. Bu sebeple İncil bize şöyle der: *"Doğru kimse yok, tek kişi bile yok,"* (Romalılar 3:10) ve *"Bu nedenle*

Yasa'nın gereklerini yapmakla hiç kimse Tanrı katında aklanmayacaktır. Çünkü Yasa sayesinde günahın bilincine varılır." (Romalılar 3:20).

Tanrı'ya inançsızlıktan ve İsa Mesih'i kabul etmemekten tövbe ettikten sonra İsa Mesih'i kabul ettiğinizde ve Tanrı'nın bir çocuğu olduğunuzda, kudretli Tanrı Baba'nız olacak ve her hastalığınıza derman bulacaksınız.

2. Kardeşlerinizi sevmemiş olmaktan tövbe etmelisiniz.

İncil bize şöyle der: *"Sevgili kardeşlerim, Tanrı bizi bu kadar çok sevdiğine göre biz de birbirimizi sevmeye borçluyuz"* (1. Yuhanna 4:11). Bizlere düşmanlarımızı bile sevmemizi hatırlatır (Matta 5:44). Eğer kardeşlerimizden nefret etmişsek, Tanrı'nın Sözüne itaatsizlik etmiş ve dolayısıyla günah işlemişizdir.

İsa, çarmıha gerilerek günah ve kötülük içinde yaşayan insan ırkı için Sevgisini ortaya koyduğundan, ebeveynlerimizi, çocuklarımızı ve kardeşlerimizi sevmek bizim için doğru yoldur. Önemsiz ama kötü duygular ve birbirine olan yanlış anlamalar yüzünden nefret etmemiz ve bağışlayamamamız, Tanrı'nın nazarında doğru değildir.

Matta 18:23-35 ayetlerinde İsa bizlere şu benzetmeyi verir: *"Şöyle ki, Göklerin Egemenliği, köleleriyle hesaplaşmak isteyen bir krala benzer. Kral hesap görmeye başladığında kendisine, borcu on bin talantı bulan bir köle getirildi. Kölenin ödeme gücü olmadığından efendisi onun, karısının, çocuklarının ve bütün malının satılıp borcun ödenmesini buyurdu. Köle yere kapanıp efendisine, 'Ne olur, sabret! Bütün borcumu ödeyeceğim' dedi. Efendisi köleye acıdı, borcunu bağışlayıp onu salıverdi. Ama köle çıkıp gitti, kendisine yüz dinar borcu olan başka bir köleye rastladı. Onu yakalayıp, 'Borcunu öde' diyerek boğazına sarıldı. Bu köle yüzüstü yere kapandı, 'Ne olur, sabret! Borcumu ödeyeceğim' diye yalvardı. Ama ilk köle bunu reddetti. Gitti, borcunu ödeyinceye dek adamı zindana kapattı. Öteki köleler, olanları görünce çok üzüldüler. Efendilerine gidip bütün olup bitenleri anlattılar. Bunun üzerine efendisi köleyi yanına çağırdı. 'Ey kötü köle!' dedi. 'Bana yalvardığın için bütün borcunu bağışladım. Benim sana acıdığım gibi, senin de köle arkadaşına acıman gerekmez miydi?' Bu öfkeyle efendisi, bütün borcunu ödeyinceye dek onu işkencecilere teslim etti. Eğer her biriniz kardeşini gönülden bağışlamazsa, göksel Babam da size öyle davranacaktır."*

Baba'mız Tanrı'nın bağışlama ve lütuflarını almış olsak dahi, kardeşlerinizin hata ve kusurlarını kucaklayamıyor ama aksine çekişmeye, düşmanlık yaratmaya, sinirlenmeye ve birbirinizi tahrik etmeye mi eğilim gösteriyoruz?

Tanrı bize şöyle der: *"Kardeşinden nefret eden katildir.*

Hiçbir katilin sonsuz yaşama sahip olmadığını bilirsiniz." (1. Yuhanna 3:15), *"Eğer her biriniz kardeşini gönülden bağışlamazsa, göksel Babam da size öyle davranacaktır."* (Matta 18:35), ve bizlere *"Kardeşler, yargılanmamak için birbirinize karşı homurdanmayın. İşte, Yargıç kapının önünde duruyor."* (Yakup 5:9) tavsiyesinde bulunur.

Eğer kardeşlerimizi sevmek yerine onlardan nefret etmişsek, günah işlediğimizi ve Kutsal Ruh ile dolamayacağımızı ama dertlere uğrayacağımızı kavramalıyız. Bu yüzden kardeşlerimiz bizden nefret edip bizleri hayal kırıklığına uğratsa bile, bizler onlardan nefret etmemeli ve karşılığında onları hayal kırıklığına uğratmamalıyız. Aksine yüreklerimizi gerçekle muhafaza etmeli, onları anlamalı ve bağışlamalıyız. Yüreklerimiz bu kardeşlerimiz için sevgi duaları sunabilmeli. Kutsal Ruh'un yardımıyla birbirimizi anladığımız, bağışladığımız ve sevdiğimiz zaman, Tanrı bize acıyıp merhamet ederek şifanın işlerini ortaya koyacaktır.

3. Açgözlülükle dua ettiyseniz tövbe etmelisiniz

İsa, kötü ruhun etkisinde olan bir çocuğu iyileştirdiğinde, öğrencileri O'na şöyle sordular: *"Biz kötü ruhu neden kovamadık?"* (Markos 9:28) İsa yanıtladı:*"tür ruhlar ancak duayla kovulabilir"* (Markos 9:29).

Belli derecede bir şifa almak için, dua ve yakarış ayrıca sunulmalıdır. Ancak çıkar için yapılan dualar kabul edilmez çünkü Tanrı onlardan hoşnut olmaz. Tanrı bize şöyle buyurmuştur: *"Sonuç olarak, ne yer ne içerseniz, ne yaparsanız, her şeyi Tanrı'nın yüceliği için yapın"* (1. Korintliler 10:31). Bu sebeple çalışmalarımızın amacı, ün ve güç kazanmanın hepsi Tanrı'nın yüceliği için yapılmalıdır. Yakup 4:2-3'de şöyle denir: *"Bir şey arzu ediyor, elde edemeyince adam öldürüyorsunuz. Kıskanıyorsunuz, isteğinize erişemeyince çekişip kavga ediyorsunuz. Elde edemiyorsunuz, çünkü Tanrı'dan dilemiyorsunuz. Dilediğiniz zaman da dileğinize kavuşamıyorsunuz. Çünkü kötü amaçla, tutkularınız uğruna kullanmak için diliyorsunuz."*

Sağlıklı bir yaşam için şifa istemek, Tanrı'nın yüceliği içindir. İstediğinizde karşılığını alacaksınız. Ancak istediğinizde şifa alamıyorsanız bunun nedeni her ne kadar Tanrı size çok daha fazlasını vermeyi istiyor olsa da, gerçeğe uygun olmayan bir şeyi arıyor olmanızdır.

Tanrı ne tip bir duadan hoşnut olur? İsa'nın Matta 6:33'de, *"Siz öncelikle O'nun egemenliğinin ve doğruluğunun ardından gidin, o zaman size bütün bunlar da verilecektir"* dediği gibi, yiyecek, giyecek gibi şeylerden endişe duymak yerine, önce Tanrı'nın egemenliği ve doğruluğu, İncil'in öğretilmesi ve kutsallaşma için dualar ederek Tanrı'yı hoşnut etmeliyiz. Ancak o zaman Tanrı yüreğimizin arzularının karşılığını verir ve bizi hastalıklardan tamamen iyileştirir.

4. Şüpheyle dua ettiyseniz tövbe etmelisiniz.

Tanrı, kişinin imanını gözler önüne seren duadan hoşnut olur. Bununla ilgili İbraniler 11:6'da şu ayeti buluruz: *"İman olmadan Tanrı'yı hoşnut etmek olanaksızdır. Tanrı'ya yaklaşan, O'nun var olduğuna ve kendisini arayanları ödüllendireceğine iman etmelidir."* Aynı şekilde, Yakup 1:6-7 bize şunu hatırlatır: *"Yalnız hiç kuşku duymadan, imanla istesin. Çünkü kuşku duyan kişi rüzgarın sürükleyip savurduğu deniz dalgasına benzer. Her bakımdan değişken, kararsız olan kişi Rab'den bir şey alacağını ummasın."*

Şüpheyle edilen dualar, kişinin kudretli olan Tanrı'ya inançsızlığına ve O'nu gereken yetenekte olmayan bir Tanrı'ya dönüştürdüğüne işaret eder. Hemen tövbe etmeli, imanın atalarını izlemeli, tüm yüreğinizle inanacağınız imana sahip olmak için şevkle ve kendinizi adayarak dua etmelisiniz.

İncil'de pek çok kez büyük imanları olanları İsa'nın sevdiğini, hizmetini onlarla ve onların yoluyla sürdürdüğünü görürüz. İnsanlar imanlarını gösteremediklerinde, İsa kendi öğrencilerini bile kıt imanları yüzünden azarlamıştır (Matta 8:23-27), ama Yahudi olmasalar dahi büyük imanları olanları sevmiş ve onlara iltifat etmiştir (Matta 8:10).

Nasıl dua ediyorsunuz ve ne tip bir imana sahipsiniz?

Matta 8:5-13'de bir Yüzbaşı İsa'ya gelerek, O'ndan evde felçli yatan ve acılar içinde olan uşağını iyileştirmesini istemiştir. İsa yüzbaşıya, *"Gelip onu iyileştireceğim"* (a. 7) dediğinde, Yüzbaşı, *"Ya Rab, evime girmene layık değilim. Yeter ki bir söz söyle, uşağım iyileşir"* (a. 8) diye yanıtlamış ve İsa'ya büyük imanını göstermiştir. Yüzbaşının bu sözlerini duyan İsa memnun kalmış ve hayranlıkla; *"Ben İsrail'de böyle imanı olan birini görmedim."* (a. 10) demiştir. Yüzbaşının uşağı o an iyileşmiştir.

Markos 5:21-43 ayetlerinde hayretlere düşüren bir şifa olayı gerçekleşmiştir. İsa tekneyle dönerken havra yöneticilerinden Yair adında biri gelir ve İsa'yı görünce ayaklarına kapanır. Yair, *"Küçük kızım can çekişiyor. Gelip ellerini onun üzerine koy da kurtulsun, yaşasın!"* (a. 23) diye yalvarır.

İsa, Yair ile giderken on iki senedir kanaması olan bir kadın önüne çıkar. Bir çok hekimin elinden çok çekmiş, varını yoğunu harcamış, ama iyileşeceğine daha da kötüleşmiştir.

Kadın, İsa'nın yakınlarda olduğunu duyar. Bu nedenle, kalabalıkta O'nun arkasından gelip giysisine dokunur. Çünkü *"Giysilerine bile dokunsam kurtulurum"* (a. 28) diye düşünür ve giysilerine dokunur dokunmaz kanaması durur ve kadın, acıdan kurtulduğunu hisseder. Kendisinden bir gücün akıp gittiğini hemen anlayan İsa, kalabalığın ortasında dönüp, *"Giysilerime kim dokundu?"* (a. 30) diye sorar. Kadın İsa'ya gerçeği söylediğinde İsa şöyle yanıtlar: *"Kızım, İmanın seni kurtardı. Esenlikle git. Acıların son bulsun"* (a. 34). Kadına kurtuluşu verir ve sağlıkla kutsar.

O sırada Yair'in evinden adamlar gelir ve *"kızın öldü."* (a. 35) derler. İsa Yair'i rahatlatarak: *"Korkma, yalnız iman et!"* (a. 36) der ve Yair'in evine yönelir. İsa orada ki insanlara, *"Çocuk ölmedi, uyuyor"* (a. 39) diyerek kıza, *"'Talita kumi!'* (*"Küçük kız, sana ayağa kalkmanı söylüyorum"* anlamına gelen) diye *seslenir."* (a. 41). Kız o anda ayaklanır ve yürümeye başlar.

İmanla istediğinizde en ciddi hastalığın bile iyileşeceğine ve ölünün dirileceğine inanın. Şu ana kadar kuşku için dua ettiyseniz ve şifa aldıysanız bu günahtan tövbe etmek için güçlü olun.

5. Tanrı'nın buyruklarına itaatsizlikten tövbe etmelisiniz.

Yuhanna 14:21'de İsa bize şöyle der: *"Kim buyruklarımı bilir ve yerine getirirse, işte beni seven odur. Beni seveni Babam da sevecektir. Ben de onu seveceğim ve kendimi ona göstereceğim."* 1. Yuhanna 3:21-22'de bize ayrıca şu hatırlatılır: *"Sevgili kardeşlerim, yüreğimiz bizi suçlamazsa, Tanrı'nın önünde cesaretimiz olur, O'ndan ne dilersek alırız. Çünkü O'nun buyruklarını yerine getiriyor, O'nu hoşnut eden şeyleri yapıyoruz."* Bir günahkâr Tanrı'nın huzurunda emin olmaz. Ancak eğer yüreklerimiz gerçeğin sözüyle ölçüldüğünde saygın ve hatasız ise, Tanrı'dan cesaretle her şeyi isteyebiliriz.

Bu yüzden Tanrı'ya iman eden biri olarak Kutsal Kitap'ın altmış altı kitabının çekirdeğini oluşturan on emri öğrenmeli ve anlamalı ve yaşamınızın ne kadarının onlara itaatsizliği oluşturduğunu keşfetmelisiniz.

I. Yüreğimde Tanrı'dan başka tanrılar oldu mu?

II. Mülkümü, çocuklarımı, sağlığımı, işimi putlaştırıp onlara tapındım mı?

III. Tanrı'nın adını boş yere ağzıma aldım mı?

IV. Şabat gününü her zaman kutsal saydım mı?

V. Anne-babama her zaman saygı gösterdim mi?

VI. Erkek ve kız kardeşlerime karşı fiziksel veya ruhani cinayet işledim mi ve onların günah işlemesine sebebiyet verdim mi?

VII. Yüreğimde dahi olsa hiç zina işledim mi?

VIII. Hiç çaldım mı?

IX. Komşuma karşı hiç yalancı tanıklık yaptım mı?

X. Komşunun malına hiç göz diktim mi?

İlaveten, dönüp geçmişinize bakmalı ve komşularınızı kendinizi sevdiğiniz kadar sevip sevmediğiniz, buyuran emri tutup tutmadığınızı düşünmelisiniz. Tanrı'nın buyruklarına uyduğunuzda, gücün Tanrı'sı sizi her türlü hastalıktan iyileştirir.

6. Tanrı'da ürün ekmemiş olmaktan tövbe etmelisiniz.

Evrende ki her şeyi Tanrı kontrol ettiğinden, ruhani dünya için kanunlar tesis etmiştir ve doğru bir hâkim olarak her şeyi buna uygun olarak yürütür ve yönetir.

Daniel 6'da Pers kralı Darius kral dahi olsa, sevgili bakanı Daniel'i aslan çukurundan kurtaramayacağı zor bir duruma düşmüştü. Kendi yazısıyla bir yasa koyduğundan kendisinin tesis ettiği yasaya itaatsizlik edemezdi. Yasayı ilk kıran ve itaatsizlik eden kralın kendisi olursa kim ona ehemmiyet verir ve hizmet ederdi? Bu sebeple, kötü adamların kurduğu planla sevgili hizmetlisi Daniel aslan çukuruna atılırken, Darius'un yapabileceği hiçbir şey yoktu.

Aynı şekilde Tanrı'da kendi koyduğu yasaları kırmaz ve kendi yasalarına itaatsizlik etmez. Evrende ki her şey O'nun egemenliği altında titiz bir düzen içinde yürür. Bu sebeple şöyle denir: *"Aldanmayın, Tanrı alaya alınmaz. İnsan ne ekerse onu biçer."* (Galatyalılar 6:7).

Dualarınızla ne kadar çok ekerseniz, karşılık alacak ve ruhani açıdan gelişeceksiniz. İç dünyanız kuvvetlenecek ve ruhunuz yenilenecek. Zamanında hastalıktan veya rahatsızlıklardan çektiyseniz ama şimdi tüm ibadet hizmetlerine gayretle katılarak Tanrı'ya olan sevginiz için zamanınızı ekiyorsanız, şifa kutsamalarını alacak ve bedeninizin değiştiğini şüphe götürmez bir şekilde hissedeceksiniz. Eğer Tanrı'da zenginlik ektiyseniz, Tanrı sizi sınamalardan gözetip koruyacak ve çok daha fazla zenginlikle kutsayacaktır.

Tanrı için ürünler ekmenin ne kadar önemli olduğunu

anlayarak, çürüyüp yok olacak bu dünya için umutlarınızı uzaklaştırdığınızda ve yerine gerçek bir imanla gökler için ödüller biriktirdiğinizde, kudretli Tanrı her zaman sağlıklı bir yaşam sürmenizi sağlayacaktır.

Tanrı'nın sözüyle şu ana kadar detaylıca Tanrı ile insan arasında ki duvarı ve niçin hastalığın verdiği ıstırapla yaşadığımızı inceledik. Tanrı'ya önceden inanmadıysanız ve hastalıklardan çektiyseniz, Kurtarıcınız olarak İsa'yı kabul edin ve Mesih'te yaşam sürmeye başlayın. Bedeni öldürenlerden korkmayın. Aksine bedeni ve ruhu cehenneme mahkûm Eden'den korkarak kurtuluşun Tanrı'sına olan imanınızı, ebeveynlerinizin, kardeşlerinizin, kayınpeder ve kayınvalidelerinizin ve diğerlerinin zulümlerinden korumalısınız. Tanrı imanınızı tanıdığında sizler için çalışacak ve sizde şifa lütuflarını alacaksınız.

Eğer inançlı biriyseniz ama bir hastalıktan çekiyorsanız, nefret, kıskançlık, çekememezlik, yalan, pislik, açgözlülük, fesatlık, cinayet, anlaşmazlık, dedikodu, iftira, kibir gibi kötülüğün kalıntıları var mı yok mu diye dönüp kendinize bakın. Tanrı'ya dua ederek ve O'nun acıma ve merhametiyle bağışlamasına layık olarak ayrıca hastalıklarınıza da yanıt alırsınız.

Pek çok insan Tanrı ile pazarlık etmeye teşebbüs eder. Eğer Tanrı hastalıklarını iyileştirirse İsa'ya inanacaklarını ve O'nu izleyeceklerini söylerler. Ancak Tanrı her bireyin yüreğinin merkezini bildiğinden ancak insanları ruhani açıdan temizledikten sonra onların fiziksel hastalıklarını iyileştirir.

İnsanın ve Tanrı'nın düşüncelerinin farklı olduğunu anlayarak, önce Tanrı'nın isteğine itaat etmeniz ve böylece hastalıklarınızın iyileşmesi için kutsamaları alıp ruhça da ferahlamanız için Rab'bimizin adıyla dua ediyorum.

Bölüm 3

— ❦❦ —

Şifa Veren Tanrı

Mısır'dan Çıkış 15:26

"Ben, Tanrınız RAB'bin sözünü dikkatle dinler, gözümde doğru olanı yapar, buyruklarıma kulak verir, bütün kurallarıma uyarsanız, Mısırlılar'a verdiğim hastalıkların hiçbirini size vermeyeceğim dedi, 'Çünkü size şifa veren RAB benim.'"

İnsan Niçin Hastalanır?

Her ne kadar şifa veren Tanrı tüm Çocuklarının sağlıklı hayatlar sürmesini istese de, pek çoğu hastalıklardan dolayı acı çeker ve hastalık sorunlarına çözüm bulamazlar. Nasıl her sonucun bir nedeni varsa, her hastalığında bir nedeni vardır. Bir kere neden belirlendikten sonra her hastalık hızla tedavi edileceğinden, şifa bulmayı isteyen herkes önce hastalıklarının nedenini belirlemelidir. Mısır'dan Çıkış 15:26'da ki Tanrı Sözüyle hastalıkların nedenleri, bu hastalıklardan azat olmanın ve sağlıklı yaşamanın yollarını derinlemesine inceleyeceğiz.

"RAB", Tanrı için belirlenmiş bir isimdir ve "BEN BEN'İM" anlamına gelir (Mısır'dan Çıkış 3:14). İsim ayrıca tüm diğer varlıkların Yüce Tanrı'nın otoritesine tabi olduğuna işaret eder. Tanrı'nın Kendisini "size şifa veren RAB" (Mısır'dan Çıkış 15:26) şeklinde tanıtmasından, bizleri hastalıkların azabından özgür kılan ve Tanrı'nın gücüyle hastalıkları iyileştiren Tanrı'nın sevgisini öğreniyoruz.

Mısır'dan Çıkış 15:26'da Tanrı bize şu vaadi verir: *"Ben, Tanrınız RAB'bin sözünü dikkatle dinler, gözümde doğru olanı yapar, buyruklarıma kulak verir, bütün kurallarıma uyarsanız, Mısırlılar'a verdiğim hastalıkların hiçbirini size vermeyeceğim dedi, 'Çünkü size şifa veren RAB benim.'"* Dolayısıyla eğer hastalandıysanız, Tanrı'nın sözünü dikkatlice dinlemediğiniz, O'nun gözlerinde doğru olanı yapmadığınız ve Buyruklarını önemsemediğiniz anlamına gelir.

Tanrı'nın çocukları göksel egemenliğin sakinleri olduğundan, göklerin yasasına uymalılardır. Ancak göksel egemenliğin sakinleri bu yasalara uymazlarsa, Tanrı onları koruyamaz çünkü günah demek yasaya karşı gelmek demektir (1. Yuhanna 3:4). Dolayısıyla hastalıkların baskısı nüfuz edecek ve Tanrı'nın itaatsiz çocuklarını, hastalıkların azabına terk edecektir.

Hastalıklara yakalanma yollarını, onların nedenlerini ve Şifa veren Tanrı'nın gücünün nasıl bizleri hastalıkların azabından iyileştirdiğini detaylıca inceleyelim.

Günah Sebebiyle Hastalanan Birinin Örneği

Kutsal Kitap boyunca Tanrı bizlere tekrar tekrar hastalığın nedeninin günah olduğunu söyler. Yuhanna 5:14 şöyle der, "İsa daha sonra adamı [daha önce iyileştirdiği] tapınakta buldu. 'Bak, iyi oldun. Artık günah işleme de başına daha kötü bir şey gelmesin' dedi." Bu ayet bizlere, insan günah işlediği takdirde bir öncekinden çok daha ciddi hastalanacağını ve ayrıca günah işleyerek insanların hastalanacağını hatırlatır.

Yasa'nın Tekrarı 7:12-15 ayetleri de, Tanrı bize şu vaatte bulunur: *"Bu ilkeleri dinler, onlara özenle uyarsanız, Tanrınız RAB atalarınıza ant içerek verdiği söz uyarınca sizinle yaptığı antlaşmaya bağlı kalacak. Sizi sevecek, kutsayacak, çoğaltacak. Atalarınıza ant içerek size söz verdiği ülkede rahminizin meyvesini, toprağınızın ürününü – tahılını, yeni şarabını, zeytinyağını – sığırlarınızın buzağılarını, sürülerinizin kuzularını bereketli kılacak. Öbür halklardan daha çok kutsanmış olacaksınız. Erkekleriniz, kadınlarınız, hayvanlarınız arasında döl vermeyen olmayacak. RAB her türlü hastalığı sizden uzaklaştıracak. Mısır'da gördüğünüz korkunç hastalıklardan hiçbirini size vermeyecek. Bütün bu hastalıkları sizden nefret edenlere verecek."* Nefret edenler kötü olduğundan ve günah işlediğinden hastalık bu tür insanların üzerine düşecektir.

Yasa'nın Tekrarı 28'de ya da yaygınca "Bereket ve Lanetlerin Bölümü" olarak tanınan kısmında Tanrı, O'na tamamıyla itaat ettiğimiz ve dikkatlice buyruklarını izlediğimiz zaman bizlere vereceği bereketleri anlatır. Ayrıca Buyruklarını ve yasalarını izlemediğimiz takdirde üzerimize düşecek lanetlerden de söz eder.

Özellikle detaylıca söz edilenler, Tanrı'ya itaatsizlik ettiğimiz zaman maruz kalacağımız hastalık çeşitleridir. Bunlar verem, sıtma, iltihap, yakıcı sıcaklık, kuraklık, samyeli, küf, Mısır çıbanı, ur, kaşıntı, uyuz, delilik, körlük, şaşkınlık, dizler ve bacakları tepeden tırnağa vuran iyileşmeyen ağrılı çıbanlardır (Yasa'nın Tekrarı 28:21-35).

Hastalığın nedeninin günah olduğunu doğru bir şekilde anladıktan sonra hastalanırsanız, önce Tanrı'nın Sözüne göre yaşamadığınız için tövbe edin ve bağışlanın. Bir kere Söze göre yaşayarak şifayı aldıktan sonra, asla günah işlememelisiniz.

Günah İşlediğini Düşünmemesine Rağmen Hastalanan Bir kişinin Örneği

Bazı insanlar günah işlememiş olmalarına rağmen hastalandıklarını söylerler. Ancak Tanrı sözü bizlere Tanrı'nın gözünde doğru olanı yaptığımız, O'nun buyruk ve yasalarına dikkat ettiğimiz takdirde bizi bir hastalıkla vurmayacağını söyler. Eğer hastalandıysak, Tanrı'nın nazarında doğru olmayan bir şeyi yaptığımızı ve O'nun yasalarına uymadığımızı kabul etmeliyiz.

Öyleyse hastalığa neden olan günah nedir?

Eğer bir kişi Tanrı'nın kendisine verdiği sağlıklı bedeni özdenetimsiz ve ahlaksızca kullandıysa, O'nun buyruklarına itaatsizlik ettiyse, hata işlediyse ve düzensiz bir yaşam sürdürdüyse, kendini hastalık konusunda büyük bir riske atar. Bu kategoride ki hastalıklar arasına, aşırı ya da düzensiz yemek yeme alışkanlığı yüzünden gastroenterik hastalıklar, sürekli sigara içmek ve alkol kullanmak yüzünden akciğer hastalıkları ve bir kişinin bedenini fazla çalıştırması yüzünden oluşan pek çok diğer hastalık girer.

İnsanın düşüncesine göre bunlar günah değilmiş gibi görünebilir ama Tanrı'nın gözünde bunlar günahtır. Aşırı yemek yeme günahtır çünkü bu, bir kişinin açgözlülüğünün ve özdenetim eksikliğinin bir göstergesidir. Eğer bir kişi düzensiz yemek yeme yüzünden hastalandıysa, o kişinin günahı, düzenli bir hayat sürmemesi veya öğünlerini tutamaması değil, ama bedenini özdenetimden yoksun olduğu için suiistimal etmesidir. Eğer bir kişi henüz hazır olmamış bir yemeği tüketmekten hastalanmış ise, O kişinin günahı sabırsız olmak, gerçeğe göre davranmamaktır.

Eğer bir kişi dikkatsizce bıçağı kullanır ve kendini keserse, yarası iltihaplanır ki bu da günahın bir sebebidir. Eğer gerçekten Tanrı'yı sevmiş olsaydı Tanrı o kişiyi kazalardan her zaman korurdu. Hatta bir kişi hata yapmışsa bile Tanrı o kişiye bir çıkış yolu sağlardı çünkü Kendisini seven insanların iyiliği için çalıştığından, bedeni yaralanmazdı. Yaralar ve bereler meydana gelir çünkü kişi aceleci ya da erdemsizce davranmıştır. Bu ikisi de Tanrı'nın gözünde doğru değildir ve eylemlerini günaha dönüştürür.

Aynı kural sigara ve içki tüketimi için de geçerlidir. Eğer bir kişi sigara içmenin aklını bulandırdığından, bronşlarına zarar verdiğinden ve kansere yol açtığından haberdar ise ama hala sigarayı bırakamıyorsa; eğer bir kişi alkolde ki toksik maddelerin bağırsak ve iç organlarına zarar verdiğini biliyor ama hala bırakamıyorsa, bunlar günahkâr davranışlardır. Bunlar bu kişinin kendini kontrol gücünden yoksun ve açgözlü olduğunu, bedenine sevgi duymadığını ve Tanrı'nın isteğini izlemediğini gösterir. Bunlar nasıl günah olmaz?

Geçmişte tüm hastalıkların nedeninin günah olduğundan emin olmamış olsak bile, artık şimdi farklı vakaları inceledikten ve onları Tanrı sözüne göre ölçtükten sonra emin olabiliriz. Her zaman O'nun Sözüne itaat etmeli ve söze göre yaşamalıyız ki hastalıklardan özgür olalım. Diğer bir deyişle, Tanrı'nın gözünde doğru olanı yaptığımızda, O'nun buyruklarına itaat ettiğimiz ve tüm yasalarını tuttuğumuzda Tanrı bizi her daim hastalıklardan koruyacaktır.

Nevroz ve Diğer Akıl Rahatsızlıklarından Meydana gelen Hastalıklar

İstatistikler bizlere nevroz ve diğer akıl hastalıklara yakalanan insanların yükselişte olduğunu söyler. Eğer insanlar Tanrı Sözünün bize öğrettiği gibi sabırlı olur, gerçeğe uygun bağışlar, sever ve anlarlarsa, bu tür hastalıklardan kolayca uzak kalabilirler. Ancak yüreklerinde hala kötülüğün kırıntıları vardır ve kötülük onların Tanrı'nın sözüne göre yaşamasına engel olur. Ruhsal hastalıklar, diğer vücut parçalarını ve bağışıklık sistemini bozar ve sonunda hastalıklara yol açar. Söze göre yaşadığımızda duygularımız karışmaz, öfkeli olmayız ve akıllarımız kışkırtılmaz.

Aramızda kötü değil ama iyi görünenler vardır. Ancak hastalıklardan çekerler. En sıradan duyguların dışa vurumundan bile kendilerini geri tuttuklarından, öfkelerini kusan kişilerden çok daha ciddi hastalıklardan çekerler. Gerçekte ki iyilik, birbirlerine tezat duyguların çekişmesinden doğan ıstırap değildir. Aksine birbirini bağışlama ve sevgi de birbirini anlayabilme, özdenetim ve sabırda da rahatlamadır.

İlaveten, insanlar bilerek günah işlediklerinde akli ıstırap ve yıkımından dolayı akıl hastalıklarından çekmeye başlarlar. İyilik yerine daha da kötülüğün içine battıklarından akıl rahatsızlıkları hastalığa yol açar. Nevroz ve diğer akıl hastalıklarının kendimiz yüzünden, kendi aptallığımız ve kötülüklerimiz yüzünden geldiğini bilmeliyiz. Böyle bir durumda bile sevgi Tanrı'sı, Kendisini arayan ve şifa isteyenleri iyileştirecektir. Dahası onlara gökler için umut verecek ve gerçek mutluluk ve teselli içersinde yaşamalarına izin verecektir.

Düşman şeytandan gelen hastalıkların sebebi de günahtır

Bazı insanlar şeytanın etkisi altına girer ve şeytanın onların üzerine yağdırdığı hastalıklardan çekerler. Bunun nedeni Tanrı'nın isteğine sırt çevirmiş ve gerçekten uzaklaşmış olmalarıdır. Putlara fazlasıyla tapınmış ailelerde yüksek miktarda insanın hasta, fiziksel engelli ve kötü ruha tutulmuş olmasının nedeni, Tanrı'nın putperestlikten nefret etmesidir.

Mısır'dan Çıkış 20:5-6 ayetlerinde şunu buluruz: *"Putların önünde eğilmeyecek, onlara tapmayacaksın. Çünkü ben, Tanrın RAB, kıskanç bir Tanrı'yım. Benden nefret edenin babasının işlediği suçun hesabını çocuklarından, üçüncü, dördüncü kuşaklardan sorarım."* Bizlere putlara tapınmamızı yasaklayan özel bir buyruk vermiştir. Bize verdiği On Emir'in ilk ikisinde – *"Benden başka tanrın olmayacak"* (a. 3) ve *"Kendine yukarıda gökyüzünde, aşağıda yeryüzünde ya da yer altındaki sularda yaşayan herhangi bir canlıya benzer put yapmayacaksın"* (a. 4) – dediği gibi, Tanrı'nın putperestlikten ne kadar nefret ettiğini kolayca söyleyebiliriz.

Ebeveynler Tanrı'nın isteğine itaat etmezlerse çocukları da doğal olarak onları izler. Eğer ebeveynler Tanrı'nın sözüne itaat etmez ve kötülük yaparlarsa, çocukları da doğal olarak onların yolunu izleyip kötülük yapacaklardır. İtaatsizlik günahı üçüncü ve dördünce nesle ulaştığında, günahın bir ücreti olarak torunları düşman şeytanın onların üzerlerine yağdırdığı hastalıklardan çekecektir.

Eğer ebeveynler putlara tapınmış ama yüreklerinde ki iyilikten dolayı çocukları Tanrı'ya ibadet etmiş ise, Tanrı onlara sevgi ve merhametini gösterecek ve kutsayacaktır. Hatta insanlar Tanrı'nın isteğine sırtlarını çevirdikten ve yoldan saptıktan sonra şeytanın üzerlerine yağdırdığı hastalıklardan şu anda çekiyorlarsa tövbe ettikleri ve günahtan döndükleri takdirde şifa veren Tanrı onları temizleyecektir. Bazılarını hemen, bazılarını kısa bir süre sonra ve diğerlerini ise imanlarının gelişimlerine göre iyileştirecektir. Eğer insanların Tanrı'nın gözünde değişmeyen yürekleri varsa hemen, yoksa daha sonra iyileşeceklerdir.

İmanda yaşadığımız takdirde hastalıklardan özgür olacağız

Musa yeryüzünde yaşayan herkesten daha alçakgönüllü (Çölde Sayım 12:3) ve Tanrı'nın bütün evinde sadık olduğundan, Tanrı'nın güvenilir bir hizmetlisi sayılmıştır (Çölde Sayım 12:7).

Kutsal Kitap bizlere ayrıca Musa öldüğünde yüz yirmi yaşında olduğunu, ne gözlerinin zayıfladığını, ne de gücünün tükendiğini söyler (Yasa'nın Tekrarı 34:7). İbrahim imanla itaat eden tam bir inanç insanı olduğundan 175 yaşına kadar yaşadı (Yaratılış 25:7). Tüm yediği sebze olmasına rağmen Daniel sağlıklıydı (Daniel 1:12-16) ve Vaftizci Yahya'nın tek yediği çekirge ve yaban balı olmasına rağmen sıhhatliydi (Matta 3:4).

Bir kişi bir insanın et tüketmeden nasıl sağlıklı kalacağını merak edebilir. Ancak Tanrı ilk insanı yarattığında ona sadece meyve yemesini söylemiştir. Yaratılış 2:16-17'de Tanrı insana şöyle der, *"Bahçede istediğin ağacın meyvesini yiyebilirsin. Ama iyiyle kötüyü bilme ağacından yeme. Çünkü ondan yediğin gün kesinlikle ölürsün."* Adem'in itaatsizliğinden sonra ise Tanrı onun sadece yaban otu yemesine izin vermiştir (Yaratılış 3:18) ve günah dünya da zaferden zafere koştukça tufandan sonra Tanrı Nuh'a Yaratılış 9:3'de şöyle der: *"Bütün canlılar size yiyecek olacak. Yeşil bitkiler gibi, hepsini size veriyorum."* İnsan yavaş yavaş kötüleştikçe, Tanrı "kirli" (Levililer 11; Yasa'nın Tekrarı 14) sayılanlar dışında onların et yemesine izin vermişti.

Yeni Ahit zamanında ise Tanrı bizlere Elçilerin İşleri 15:29'da şöyle dedi: *"Putlara sunulan kurbanların etinden, kandan, boğularak öldürülen hayvanların etinden ve fuhuştan sakınmalısınız. Bunlardan kaçınırsanız, iyi edersiniz."* Bizlerin sağlığımıza faydalı yiyecekler yememizi istedi ve zararlı olanlardan kaçınmamızı tavsiye etti. Tanrı'nın hoşnut olmadığı yiyecek ve içeceklerden kaçınmamız bizim için çok daha faydalı olacaktır. Tanrı'nın isteğini izlediğimiz ve imanda yaşadığımız sürece, bedenlerimiz güçleşecek, hastalıklar bizi terk edecek ve artık bizlere bulaşmayacaktır.

Dahası, imanda doğru hayatlar sürersek hastalanmayacağız çünkü bundan iki bin yıl önce İsa Mesih bu dünyaya gelmiş ve bizlerin tüm ağır yüklerini sırtlanmıştır. Eğer Kanını dökerek İsa'nın bizi günahlarımızdan kurtardığına inanırsak, zayıflıklarımızı kaldırarak, hastalıklarımızı üstlenerek (Matta 8:17) bizlere şifa verecektir. Bunlar imanımıza göre gerçekleşecektir (Yeşaya 53:5-6; 1. Petrus 2:24).

Tanrı ile tanışmadan önce imanımız yoktu. Benliğin günahkâr tutkuları peşi sıra yaşıyor ve günahın bir sonucu olarak çeşitli hastalıklardan çekiyorduk. İmanda yaşadığımız ve her şeyi doğruluk içinde yaptığımızda fiziksel sağlıkla kutsanacağız.

Aklımız sağlıklı oldukça, bedenimiz de sağlıklı olacaktır. Doğruluk içinde yaşadıkça ve Tanrı Sözüne göre davranışlar sergiledikçe, bedenlerimiz Kutsal Ruh ile dolacaktır. Hastalıklar bizi terk edecek ve bedenlerimiz fiziksel sağlıklarına kavuştukça hiçbir hastalık bize nüfuz edemeyecektir. Bedenlerimiz huzurlu, hafif, memnun ve sağlıklı olduğundan, hiçbir istek içinde olmayacak ama sadece bize sağlık verdiği için Tanrı'ya şükran duyacağız.

Ruhunuz gönenç içinde olabilsin diye, doğruluk ve iman içinde davranmanızı, tüm hastalık ve rahatsızlıklarınızdan iyileşmemenizi ve sağlıklı olmanızı diliyorum. Ayrıca Tanrı Sözüne itaat edip, Söze göre yaşayarak O'nun bol sevgisini alabilmeniz için Rab'bimizin adıyla dua ediyorum.

Bölüm 4

İsa'nın Acısıyla iyileşiriz

Yeşaya 53:4-5

"Aslında hastalıklarımızı o üstlendi, Acılarımızı o yüklendi. Bizse Tanrı tarafından cezalandırıldığını, Vurulup ezildiğini sandık. Oysa, bizim isyanlarımız yüzünden onun bedeni deşildi, Bizim suçlarımız yüzünden o eziyet çekti. Esenliğimiz için gerekli olan ceza Ona verildi. Bizler onun yaralarıyla şifa bulduk."

Tanrı'nın Oğlu Olarak İsa Tüm Hastalıkları İyileştirdi

İnsanlar kendi yaşamlarının dümenin de yol alırken birçok sorunla yüzleşirler. Nasıl deniz her zaman sakin değilse, yaşam denizinde de evden, işyerinden, hastalıklardan ve mal varlıklarından doğan sorunlar vardır. Yaşam da karşımıza çıkan tüm bu sorunların arasında en önemlisinin hastalık olduğunu söylemek abartı olmaz.

Bir insanın ne kadar zenginliği veya bilgisi olursa olsun, ciddi bir hastalığın içine düşerse tüm hayatı boyunca çalıştığı şeylerin hiç biri önemi kalmaz. Medeniyet ilerledikçe ve refah düzeyi arttıkça, insanın sağlıklı bir yaşam arzusu da artar. Ancak bilim ve tıp ne kadar gelişirse gelişsin, yeni ve nadir hastalıklar silsilesi – insanoğlunun bilgisinin nafile kaldığı – sürekli keşfedilir ve bu hastalıklardan çeken hastaların sayısı muntazam olarak artar. Belki de bu yüzden bu gün sağlığa çok fazla önem verilmektedir.

Acı çekme, hastalık ve ölüm – hepsi günahtan doğan – insanın sınırlarını özetler. Eski Ahit zamanı yaptığı gibi, Şifa Veren Tanrı bu gün bizlere Kendisine inanan insanların İsa Mesih'e imanlarıyla hastalıklarından iyileşmelerinin yollarını sunar. Kutsal Kitabı inceleyelim ve neden hastalık sorununa karşılık alacağımızı ve İsa Mesih'e iman ederek sağlıklı yaşamlar süreceğimizi görelim.

İsa öğrencilerine, "Sizce ben kimim?" diye sorduğunda, Simun Petrus, "Sen, yaşayan Tanrı'nın Oğlu Mesih'sin" yanıtını verdi (Matta 16:15-16). Bu yanıt kulağa oldukça basit gelir ama ayrıca İsa'nın Mesih olduğunu sade bir dilde ortaya koyar.

O'nun zamanında oldukça kalabalık insan topluluğu İsa'yı izledi çünkü hasta olan insanları hemen sağlıklarına kavuşturuyordu. Bunların arasında cine tutulmuş, sara hastası, felçliler ve çeşitli hastalıkları olan başkaları da vardı. Deri hastaları, yüksek ateşi olanlar, sakatlar, körler ve diğerleri İsa'nın dokunuşuyla iyileştiler ve O'nu izlemeye ve O'na hizmet vermeye başladılar. Nasıl da olağanüstü bir manzara! Böylesi mucize ve harikalara şahit olarak insanlar İsa'ya inanıp O'na iman ettiler ve yaşamlarında ki sorunlara karşılık aldılar. Hastalar şifanın işlerini tecrübe edindiler. Dahası, İsa'nın kendi zamanında insanları iyileştirdiği gibi günümüzde de İsa'nın huzuruna çıkanlar şifa bulabilirler.

Sakat bir insandan farkı olmayan bir adam, kilisemin kuruluşundan kısa bir süre sonra Cuma Akşam Ayinleri Hizmetine geldi. Bir araba kazasından sonra uzunca bir süre hastanede terapi görmüştü. Ancak dizlerinde ki tendonlar uzamış olduğundan dizlerini kıramıyordu ve baldırı hareket edemediğinden yürümesi de imkânsızdı. Sözü dinlerken İsa Mesih'e iman etmeye ve iyileşmeye büyük istek duydu. Tüm içtenliğimle bu kişi için dua ettiğimde, hemen ayağa kalktı ve yürüyüp koşmaya başladı. Tapınağın Güzel Kapı denilen yerinde kötürüm bir adam Petrus'un duasıyla ayaklarının üzerine kalkıp yürümeye başladığı gibi (Elçilerin İşleri 3:1-10), Tanrı'nın mucizevi işleri ortaya konur.

Bu, her kim İsa Mesih'e inanır ve O'nun adıyla bağışlanmayı alırsa tamamıyla iyileşeceğine – hatta tıp biliminin tedavi edemeyeceği hastalıklar olsalar da – ve bedenlerinin yenilenip eski hallerine döneceğine bir kanıttır. Dün, bu gün ve sonsuza dek aynı olan Tanrı (İbraniler 13:8) Sözüne inanan, imanlarının ölçüsüne göre dileyen insanlar için çalışır ve körlerin görmesini, kötürümlerin ayağa kalkmasını sağlayarak çeşitli hastalıkları iyileştirir.

İsa Mesih'i kabul eden, tüm günahları bağışlanan ve Tanrı'nın bir çocuğu olan herkes şimdi özgürlük içinde bir yaşam sürmelidirler.

Şimdi İsa Mesih'e inandığımız takdirde niçin sağlıklı yaşamlar sürebileceğimizi detaylıca inceleyelim.

İsa, Kırbaçlandı ve Kanını Döktü

Çarmıha gerilmesinden önce, İsa Romalı askerlerin elinde acılar çekti ve Pontius Pilatus'un mahkemesinde Kanını akıttı. O'nun zamanında Romalı askerler çok sıhhatli, oldukça güçlü ve iyi yetişmişlerdi. Her şeyden önce o zamanda dünyaya hükmeden bir imparatorluğun askerleriydiler. Bu güçlü askerlerin kırbaçları altında İsa'nın katlandığı azap verici acı kelimelerle dahi ifade edilemez. Her vuruşta kırbaç İsa'nın tüm bedenini sardı, derisini kaldırdı ve Bedeninden kan aktı.

Niçin Tanrı'nın günahsız, suçsuz ve lekesiz Oğlu İsa böylesine gaddarca kırbaçlanmak ve biz günahkârlar için kanını dökmek zorundaydı? Bunun içinde, derinliklerde saklı ruhani anlamlar ve Tanrı'nın hayretlere düşüren takdiri ilahisi yatar.

1. Petrus 2:24 ayeti bizlere, İsa'nın yaralarıyla şifa bulduğumuzu yazar. Yeşaya 53:5'de O'nun acılarıyla şifa bulduğumuzu okuruz. Takribi iki bin yıl önce, Tanrı'nın Oğlu İsa bizleri hastalıkların azabından kurtarmak için kırbaçlandı ve döktüğü Kanı, Tanrı Sözüne göre yaşamayarak işlediğimiz günahlar içindi. Kırbaçlanan ve kanını döken İsa'ya inandığımız zaman, hastalıklarımızdan azat olup iyileşeceğiz. Bu, Tanrı'nın muazzam sevgi ve bilgeliğinin bir işaretidir.

Bu yüzden eğer Tanrı'nın bir çocuğu olarak hastalıktan çekiyorsanız, tövbe edin ve çoktan şifa bulduğunuza inanın. *"İman, umut edilenlere güvenmek, görünmeyen şeylerin varlığından emin olmaktır."* (İbraniler 11:1) denildiğinden, bedeninizin etkilenen bölgelerinde acı hissetseniz dahi imanla "İyileştim" dediğinizde, iyileşeceksiniz.

İlkokul yıllarımda kaburga kemiğimi kırmıştım ve ara sıra nüksediyordu. Acı öylesine dayanılmazdı ki nefes almakta güçlük çekiyordum. İsa Mesih'e iman ettikten bir ya da iki sene sonra ağır bir nesneyi kaldırırken acı tekrar nüksetti ve bir adım dahi atamadım. Ancak kudretli Tanrı'nın gücünü tecrübe etmiş ve O'na inanmış olduğumdan, içtenlikle, "Duadan sonra hareket ettiğimde acının yitip gideceğine ve yürüyeceğime inanıyorum" diye dua ettim. Sadece kudretli Tanrı'ya inandığım ve acının düşüncesini aklımdan sildiğim için kalkıp yürüyebildim. Öyle ki sanki acı sadece hayalimde var olan bir şeydi.

Markos 11:24'de İsa'nın bizlere, *"Bunun için size diyorum ki, duayla dilediğiniz her şeyi daha şimdiden almış olduğunuza inanın, dileğiniz yerine gelecektir."* dediği gibi, çoktan iyileşmiş olduğumuza inanırsak, imanımıza göre gerçekten iyileşeceğiz. Ancak sürüp giden acı yüzünden henüz iyileşmediğimizi düşünüyorsak, hastalığımız iyileşmez. Diğer bir deyişle, ancak kendi düşüncelerimizin çerçevesini kırdığımızda, her şey imanımıza göre gerçekleşecektir.

Bu yüzden Tanrı bize benliğe dayanan düşüncenin Tanrı'ya düşman (Romalılar 8:7) olduğunu söyler ve bizlere Tanrı bilgisine karşı diklenen her düşünceyi yıkmamızı (2. Korintliler 10:5) öğütler. Dahası, Matta 8:17'de İsa'nın zayıflıklarımızı kaldırdığını, hastalıklarımızı üstlendiğini okuruz. Eğer "güçsüzüm" diye düşünüyorsanız, güçsüz kalırsınız. Ancak hayatınız ne kadar bıktırıcı ve zor olursa olsun eğer dudaklarınız, "İçimde Tanrı'nın gücü ve lütfu olduğundan ve Kutsal Ruh beni yönettiğinden kendimi bıkkın hissetmiyorum" dediğinizde, bıkkınlık yitip gidecek ve sıhhatli bir insana dönüşeceksiniz.

Eğer İsa Mesih'in zayıflıklarımızı kaldırdığına ve hastalıklarımızı üstlendiğine kesinlikle inanıyorsak, hastalıklardan çekmek için hiçbir nedenimiz olmadığını hatırlamalıyız.

İsa İmanlarını Gördüğünde

İsa'nın acılarıyla hastalıklarımıza şifa bulduğumuza göre, şimdi ihtiyacımız olan buna inanacağımız imandır. Günümüzde, zamanında İsa Mesih'e inanmamış pek çok insan, hastalıklarıyla O'nun huzuruna çıkarlar. Bazıları İsa Mesih'e iman ettikten çok kısa bir süre sonra iyileşirken, bazıları aylarca süren dualar sonrasında bile bir gelişme göstermez. Bu ikinci grupta ki insanlar dönüp kendilerine bakmalı ve imanlarını gözden geçirmelidirler.

Markos 2:1-12 ayetlerinde betimlenen hikayeyle felçli adamın ve dört arkadaşının imanlarını nasıl gösterdiğini, Rab'bin şifa dağıtan elini hastalığından kendisini özgür kılması için nasıl zorladığını ve Tanrı'yı yücelttiğini inceleyelim.

İsa Kefernhaum'u ziyaret ettiğinde O'nun gelişinin haberleri hızla çevreye dağıldı ve oldukça kalabalık bir grup toplandı. İsa onlara Tanrı'nın Sözünü – gerçeği – duyurdu ve İsa'nın söylediği tek bir kelimeyi kaçırmayı istemeyen kalabalık O'na dikkat kesildi. O sırada dört adam beraberlerinde bir şilte üzerinde felçli bir adamı getirdiler ama kalabalık yüzünden onu İsa'nın yakınına sokamadılar.

Buna rağmen vazgeçmediler. Aksine İsa'nın bulunduğu evin damına çıkıp tam O'nun bulunduğu yerin üzerinde bir delik açtılar ve felçlinin uzandığı şilteyi aşağıya sarkıttılar. İsa onların imanını gördüğünde felçliye : "Oğlum, günahların bağışlandı. Kalk, şilteni topla, yürü!" dedi ve felçli tüm içtenliğiyle arzuladığı şifaya kavuştu. Tüm insanların gözleri önünde şiltesini alıp yürüdüğünde, insanlar hayretler içindeydi ve Tanrı'ya övgüler yağdırdılar.

Felçli öylesine ağır bir hastalıktan çekiyordu ki kendi başına hareket edemiyordu. Körlerin gözünü açan, kötürümlerin yürümesini sağlayan, deri hastalıklarını iyileştiren, cinleri kovan ve pek çok hastalığa şifa dağıtan İsa ile ilgili haberleri duyduğunda, ölesiye İsa ile tanışmayı arzuladı. İyi bir yüreği olan felçli bu haberleri duyduğunda ve nerede olduğunu öğrendiğinde O'nunla tanışmaya özlem duydu.

Bir gün Kefernahum'a geldiğini duydu. Bu haberleri duyunca nasıl sevinmiş olduğunu hayal edebiliyor musunuz? Kendisine yardım edecek arkadaşlar aramış olmalı ve çok şükür ki imanları olan arkadaşları seve seve felçli arkadaşlarının ricasını kabul ettiler. Felçli adamın arkadaşları da İsa ile ilgili haberleri duyduğundan, arkadaşları onlardan kendisini İsa'ya götürmesini istediğinde kabul ettiler.

Eğer felçlinin arkadaşları onun bu ricasını önemsememiş ve " kendin bile görmeden bu tür şeylere nasıl inanıyorsun?" diye dalga geçmiş olsaydılar, felçli arkadaşlarına yardım etmek için bunca zahmete katlanmazlardı. Ancak onlarında imanı olduğundan, her biri bir ucundan taşıyarak arkadaşlarını şiltesi üzerinde getirmiş ve hatta evin damında delik açma zahmetine bile katlanmışlardı.

Zor bir yolculuktan sonra kalabalığı gördüklerinde ve İsa'ya yaklaşamadıklarında, ne kadar endişeli ve kalpleri kırık hissetmiş olmalılar? Birazcık olsun kalabalığı açılmaları için rica etmiş olmalıydılar. Ancak tıklım tıklım dolu olduğundan, geçebilecekleri bir yer bulamadılar ve çaresiz hissetmeye başladılar. Sonunda İsa'nın içinde bulunduğu evin damına çıkmaya karar verdiler, damda bir delik açtılar ve felçli arkadaşlarının üzerinde uzandığı şilteyi İsa'nın önüne sarkıttılar. Böylece felçli orada bulunan herkesten çok daha fazla İsa'ya yaklaşıp tanıştı. Bu hikâyeyle felçli ve arkadaşlarının nasıl içten, İsa'nın huzuruna çıkmayı arzuladıklarını öğrenebiliriz.

Felçlinin ve arkadaşlarının İsa'nın huzuruna basit yoldan çıkmadıkları gerçeğine dikkat etmeliyiz. İsa ile ilgili haberleri duyduktan sonra bunca zahmete katlanmaları gerçeğinden O'nunla ilgili duyduklarına ve öğrettiklerine inandıkları çıkarırız. Dahası aşikâr zorlukların üstesinden gelerek, katlanarak ve İsa'ya istekle yaklaşarak, felçli ve arkadaşları İsa'nın huzuruna çıktıklarında ne kadar mütevazi olduklarını da göstermişlerdir.

Dama çıkan ve dam da delik açan felçli ve arkadaşlarını kalabalık ya azarlamış ya da öfkelenmiş olmalıydı. Belki de bizlerin tahmin bile edemeyeceği bir olay dahi olmuştur. Ancak bu beş kişi için hiçbir şey ve hiçbir kimse engel teşkil edemedi. Bir kere İsa ile karşılaştığında felçli iyileşecek ve onlarda dam da sebep oldukları hasarı tamir edecek veya karşılığını ödeyeceklerdi.

Ancak günümüzde ciddi hastalıklardan çeken pek çok hastanın arasında ne hasta da ne de aile fertlerinde iman gösterenine rastlamak zordur. İsa'ya istekle yaklaşmak yerine,

"Çok hastayım. Yanına çıkmayı istiyorum ama mümkün görünmüyor" ya da " falanca aile ferdim çok zayıf. Hareket edemiyor" diyebilirlerdi. Elma ağacından elmanın ağızlarına düşmesini bekleyen böylesine pasif insanları görmek çok yürek burkucu! Diğer bir deyişle bu insanların imanları eksiktir.

Eğer insanlar Tanrı'ya olan imanlarını dile getiriyorlarsa, imanlarını gösterebilecekleri bir samimiyetinde olması gerekir. Çünkü bir kişi bilgi olarak alınan ve muhafaza edilen bir imanla Tanrı'nın işlerini tecrübe edinemez. Ancak imanını eylemlerle gösterdiği zaman, imanı yaşayan bir iman olur ve Tanrı'nın verdiği ruhani iman için gerekli olan imanın temeli atılabilir. Bu sebeple nasıl felçli imanının temeline uygun Tanrı'nın şifasını aldıysa, bizlerde akıllı olmalı ve imanlarımızın temelini – bizzat imanlarımızı – göstermeliyiz. Böylece bizlerde Tanrı'nın verdiği ruhani imanı alarak ve O'nun mucizelerini tecrübe ederek hayatlar yaşayabiliriz.

Günahlarınız Bağışlandı

Dört arkadaşının yardımıyla İsa'nın önüne gelen felçliye İsa şöyle dedi: "Oğlum, günahların bağışlandı." ve böylece günah ile ilgili sorunu çözüme kavuşturdu. Bir kişinin kendisiyle Tanrı arasında günah duvarı varsa, Tanrı'dan karşılık alamayacağından, İsa önce temeli olan bir imanla huzuruna çıkan felçlinin günahla ilgili sorunu halletti.

Eğer Tanrı'ya gerçek bir iman duyuyorsak, Kutsal Kitap bizlere O'na karşı nasıl tavırlar takınmamız ve nasıl davranmamız gerektiğini söyler. "Yapılması gerekenler", "yapılmaması gerekenler", "tutulması gerekenler" ve "atılması gerekenler" gibi buyruklara itaat ederek doğru olmayan bir kişi doğru bir insana dönüşür ve bir yalancı, dürüst ve doğrucu bir insan olur. Gerçeğin Sözüne itaat ettiğimizde, günahlarımız Rab'bimizin kanıyla temizlenecek ve bağışlanmayı aldığımızda Tanrı'nın koruması ve yanıtları üzerimize düşecektir.

Tüm hastalıklar günahtan doğduğundan, günahla ilgili sorunlar bir kere çözüldüğünde Tanrı'nın işlerinin ortaya konduğu durum tesis edilir. Ampulün yandığı ve bir makinenin anota girip katottan çıkan elektrikle işlediği gibi, Tanrı bir kişi de imanın temelini gördüğünde, bağışlayacak ve mucizeyi gerçekleştirerek yukarıdan imanı verecektir.

"Ayağa kalk, şilteni topla ve evine git!" Nasıl da iç ferahlatıcı bir söz! Felçlinin ve dört arkadaşının imanını gördükten sonra, İsa günahla ilgili sorunu çözüme kavuşturdu ve felçli hemen yürümeye başladı. Uzunca bir zaman bunu arzuladıktan sonra felçli tekrar bir bütün haline geldi. Aynı şekilde, sadece hastalıklarımıza değil ama diğer tüm sorunlarımıza bir yanıt istiyorsak, önce bağışlanmayı hatırlamalı ve yüreklerimizi temiz kılmalıyız.

İnsanların kıt imanları olduğunda hastalıklarına çözümü tıp ve hekimlerde arıyorlardı. Ama şimdi imanları geliştiğinden ve Tanrı'yı sevip Sözüne göre yaşadıklarından, hastalık onlara hücum etmez. Hastalanmış olsalar bile önce dönüp kendilerine baktıklarında, tüm yürekleriyle tövbe ettiklerinde ve günahla çevrili yollarından döndüklerinde hemen şifaya kavuşurlar. Pek çoğunuzun bu tür tecrübeler yaşadığınızı biliyorum.

Bir süre önce kilisemde ki bir ihtiyara fıtık teşhisi kondu ve birdenbire yürüyemez hale geldi. Hemen dönüp geçmişine baktı, tövbe etti ve duamı aldı. Tanrı'nın şifa işleri hemen gerçekleşti ve iyileşti.

Kızı humma hastalığına tutulduğunda, annesi kızının hastalığının kökeninde kendi öfkesinin yattığını kavradı ve tövbe ettiğinde çocuğu tekrar eski haline döndü.

Âdem'in itaatsizliği yüzünden yıkımın yoluna giren tüm insan ırkını kurtarmak için, Tanrı İsa Mesih'i yeryüzüne yollamış, O'nun lanetlenip bizim yerimize tahtadan bir çarmıha gerilmesini sağlamıştır. Bu sebeple İncil'de şöyle yazar: *"kan dökülmeden bağışlama olmaz"* (İbraniler 9:22) ve *"Ağaç üzerine asılan herkes lanetlidir"* (Galatyalılar 3:13).

Şimdi günah sorununun günahtan doğduğunu bildiğimize göre tüm günahlarımızdan tövbe etmeli ve bizleri tüm hastalıklardan kurtaran İsa Mesih'e içtenlikle inanmalı, bu imanla sağlıklı yaşamlar sürmeliyiz. Bu gün pek çok kardeşimiz şifayı tecrübe edinmekte, Tanrı'nın gücüne tanıklık etmekte ve Yaşayan Tanrı'ya şahit olmaktadırlar. Bu bize her kim İsa Mesih'e iman eder ve O'nun adıyla bir şey isterse, hastalıkla ilgili sorunlara yanıt alacağını gösterir. Bir kişinin hastalığı ne kadar ağır olursa olsun, kırbaçlanan ve kanını döken İsa Mesih'e yüreğiyle inanıyorsa,

Tanrı'nın şifa veren muazzam işleri ortaya konacaktır.

Eylemle Mükemmelleşen İman

Dört arkadaşının yardımıyla İsa'ya imanlarını gösterdikten sonra şifaya kavuşan felçli gibi, eğer bizlerde yüreklerimizin arzularını almayı istiyorsak, bizlerde Tanrı'ya eylemlerin eşlik ettiği imanlarımızı göstermeli ve böylece imanın temelini atmalıyız. Okuyucuların "imanı" çok daha iyi anlamaları için kısaca aşağıda özetleyeceğim.

Bir kişinin Mesih'te ki yaşamında "iman" ikiye ayrılır ve iki kategoride açıklanır. "Benliğin imanı" veya "bilgi olarak iman", kişinin fiziksel kanıtlara ve Sözün kendi düşünce ve bilgileriyle uyuşan kısmına dayanan imandır. "Ruhani iman" ise, kişinin görmese ve Söz kendi düşünce ve bilgileriyle uyum içinde olmasa bile inandığı imandır.

"Benliğin imanına" sahip biri, görülebilir bir şeyin başka görülebilir bir şey tarafından yaratıldığına inanır. Kişinin kendi düşünce ve bilgilerine riayet ettiği sürece sahip olamayacağı "ruhani imanla", kişi görünen bir şeyin görünmeyen başka bir şey tarafından yaratıldığına inanır. Benliğin imanına sahip kişi kendi düşünce ve bilgilerini imha etmesini gerektirir.

Doğumdan bu yana insanların beyinlerinde sayılamayacak denli çok bilgi kayıt edilir. Gördükleri ve duydukları kayıt edilir. Evde ve okulda öğrendikleri kayıt edilir. Bulunduğu çeşitli çevre ve durumlarda ki şeyler kayıt edilir. Ancak tüm bu kayıt edilen bilgilerin doğru olduğu söylenemez ve bunlardan herhangi biri Tanrı'nın sözüyle çelişiyorsa kişi doğal olarak bunu söküp atmalıdır. Örneğin okullarda her yaşayan canlının ya parçalandığını ya da tek hücreli bir organizmadan çok hücreli bir organizmaya dönüştüğünü öğrenirler. Ancak Kutsal Kitap onlara tüm yaşayan şeylerin çeşitlerine göre Tanrı tarafından yaratıldığını öğretir. Bu kişi ne yapmalı? Evrim teorisinin yanlışlığı bilimin kendisi tarafından çoktan gözler önüne serilmiştir. İnsanın mantığına göre dahi milyonlarca sene zarfında bir maymunun evrim geçirerek insan haline gelmesi ve bir kurbağanın kuşa dönüşmesi nasıl mümkün olabilir? Mantık bile yaratılışın yanındadır.

Dolayısıyla "benliğin imanı" "ruhani imana" dönüştüğünde, tüm kuşkularınızdan arınarak imanın kayasında duracaksınız. İlaveten, Tanrı'ya olan imanınızı ilan ediyorsanız, şimdi bir bilgi olarak muhafaza ettiğiniz Sözü uygulamaya koymalısınız. Eğer Tanrı'ya olan inancınızı ilan ediyorsanız, Rab'bin Gününü kutsal sayarak, komşunuzu severek ve gerçeğin Sözüne itaat ederek kendinizi bir ışık olarak göstermelisiniz.

Eğer Markos 2'de ki felçli evde kalsaydı iyileşemeyecekti. Ancak İsa'nın huzuruna bir kez çıkarsa iyileşeceğine inandığından ve her türlü yöntemi uygulayarak ve deneyerek imanını gösterdiğinden, şifaya kavuşabildi. Hatta bir ev inşa etmeyi dileyen kişi, " Rab'bim evin inşa edileceğine inanıyorum" diye dua ederse, yüzlerce veya binlerce dua bile evin kendi kendine inşa edilmesini sağlamayacaktır. Temeli hazırlayarak, toprağı kazıyarak, sütunları çıkarak ve diğer işlemleri yaparak kişi üzerine düşen görevi yapmalıdır. Kısaca "eylem" gereklidir.

Tanrı'nın, siz ya da ailenizden biri hastaysa, imanın temeli saydığı sevgi birliğini ailenizde görürse bağışlama ve şifayı vereceğine inanın. Bazıları her şeyin bir zamanı olduğu için iyileşmenin de zamanı olduğunu söyler. Ancak "zamanın", insanın Tanrı önünde imanın temelini attığı an olduğunu hatırlayın.

Hastalıklarınızın ve dilediğiniz her şeyin karşılığını almanız ve Tanrı'yı yüceltebilmeniz için Rab'bimizin adıyla dua ediyorum.

Bölüm 5

Zayıflıkları İyileştiren Güç

Matta 10:1

"İsa on iki öğrencisini yanına çağırıp onlara kötü ruhlar üzerinde yetki verdi. Böylece kötü ruhları kovacak, her hastalığı, her illeti iyileştireceklerdi."

Rahatsızlıkları ve Hastalıkları İyileştiren Güç

İnanmayanlara Yaşayan Tanrı'nın kanıtlarını sunmanın pek çok yolu vardır ve hastalıklara şifa vermekte bunlardan biridir. İnsanlar tıp biliminin yetersiz kaldığı, tedavisi mümkün olmayan ya da ölümcül hastalıklardan çektikleri ve bunları şifa buldukları zaman, Yaratan Tanrı'nın gücünü daha fazla inkâr edemez ama bu güce inanmaya ve O'na övgüler yağdırmaya başlarlar.

Zenginliklerine, yetkinliklerine, ün ve bilgilerine rağmen, günümüzde pek çok insan hastalıklarla ilgili sorunları çözememektedirler ve onun ıstırabına terk edilmişlerdir. Tıp biliminin en yüksek seviyede ki teknolojisiyle bile tedavisi mümkün olmayan çok sayıda hastalık olmasına rağmen, insanlar kudretli Tanrı'ya inandıkları, O'na güvendikleri ve hastalıkla ilgili sorunlarına O'na teslim ettikleri zaman, tüm tedavisi mümkün olmayan ve ölümcül hastalıklar iyileşir. Tanrı'mız Her Şeye Gücü Yeten bir Tanrı'dır ve O'nun için hiçbir şey imkânsız değildir. O, yoktan var edebilir ve kuru bir değneğin filizlenmesini ve tomurcuklanmasını sağlayabilir (Çölde Sayım 17:8) ve ölüleri diriltebilir (Yuhanna 11:17-44).

Aslına bakarsanız Tanrı'nın gücü her türlü hastalık ve illeti iyileştirebilir. Matta 4:23'de şöyle denir: *"İsa, Celile bölgesinin her tarafını dolaştı. Buralardaki havralarda öğretiyor, göksel egemenliğin Müjdesi'ni duyuruyor, halk arasında rastlanan her hastalığı, her illeti iyileştiriyordu."* Matta 8:17'de şunu okuruz: *"Bu, Peygamber Yeşaya aracılığıyla bildirilen şu söz yerine gelsin diye oldu: 'Zayıflıklarımızı O kaldırdı, Hastalıklarımızı O üstlendi.'"* Bu ayetlerde "hastalık", "illet" ve "zayıflıkları" okuruz.

Burada "zayıflıklar", soğuk algınlığı ya da yorgunluktan doğan nispeten daha hafif hastalıklara işaret etmez. Bir kişinin bedeninin fonksiyonlarının, bedeninin parçalarının bir kaza, ebeveyn veya kendi hatası yüzünden felçli olması ya da bozulması sonucunu doğuran anormal bir durumdur. Örneğin, dilsiz, sağır, kör, sakat, çocuk felci ve diğerleri – insanoğlunun bilgisiyle tedavi edilemeyenler – "zayıflıklar" altında sınıflandırılırlar. İlaveten, Yuhanna 9:1-3 ayetlerinde anlatılan kör adamın durumunda olduğu gibi, bir kaza, ebeveyn veya kendi hatası yüzünden meydana gelen durumların dışında, Tanrı'nın lütufları ifşa edilsin diye zayıflıklardan çeken insanlar da vardır. Ancak bu durumlar nadirdir ve zayıflıkların çoğu insanın cehaleti ve hatası yüzünden meydana gelir.

İnsanlar Tanrı'ya inanmaya çabalayıp tövbe ettikleri ve İsa Mesih'i kabullendikleri zaman, Tanrı onlara bir ödül olarak Kutsal Ruh'u verir. Kutsal Ruh'un yanı sıra Tanrı'nın çocukları olma hakkını da kazanırlar. Çok daha ciddi ve önemli durumlar dışında Kutsal Ruh onlarla birlikte ise hastalıkların çoğu iyileşir. Kutsal Ruh'u almış olmalarıyla Kutsal Ruh'un ateşi üzerlerine düşer ve yaralarını dağlar. Dahası bir kişi çok ciddi bir hastalıktan çekiyorsa dahi, imanda tüm içtenliğiyle dua ettiğinde, kendisiyle Tanrı arasında ki günah duvarını yıktığında, günaha sırtını çevirdiğinde ve tövbe ettiğinde, imanına göre şifayı alacaktır.

"Kutsal Ruh'un ateşi", bir kişi Kutsal Ruh'u aldıktan sonra gerçekleşen ateşle vaftizimdir ve Tanrı'nın gözünde Kendi Gücü'dür. Vaftizci Yahya'nın ruhani gözleri açıldığında ve gördüğünde, Kutsal Ruh'un ateşini "ateşle vaftizim" olarak açıklamıştır. Matta 3:11'de Vaftizci Yahya şöyle der: *"Gerçi ben sizi tövbe için suyla vaftiz ediyorum, ama benden sonra gelen benden daha güçlüdür. Ben O'nun çarıklarını çıkarmaya bile layık değilim. O sizi Kutsal Ruh'la ve ateşle vaftiz edecek"* Ateşle vaftizim her zaman olan bir şeydir. Ancak bir kişi Kutsal Ruh ile dolduktan sonra olur. Kutsal Ruh ile dolmuş birinin üzerine her zaman ateş düşeceğinden, tüm günah ve hastalıkları dağlanacak ve sağlıklı bir yaşam sürmeye başlayacaktır.

Ateşle vaftizim hastalık lanetini dağladığında, hastalıkların pek çoğu iyileşir Ancak zayıflıklar ateşle vaftizimle bile dağlanamaz. Öyleyse zayıflıklar nasıl iyileşir?

Tüm zayıflıklar Tanrı'nın verdiği güç ile iyileştirilebilir. Bu sebeple Yuhanna 9:32-33 ayetlerinde şunu buluruz: *"Dünya var olalı, bir kimsenin doğuştan kör olan birinin gözlerini açtığı duyulmamıştır. Bu adam Tanrı'dan olmasaydı, hiçbir şey yapamazdı."*

Elçilerin İşleri 3:1-10 ayetlerinde Petrus ile Yuhanna'nın Tanrı'nın gücünü alıp doğuştan kötürüm olan ve tapınağın Güzel Kapı denilen yerinde dilenen bir adamı iyileştirdiklerini ve adamın ayağa kalktığını okuruz. Petrus, ayet 6'da adama, *"Bende altın ve gümüş yok, ama bende olanı sana veriyorum. Nasıralı İsa Mesih'in adıyla, yürü!"* dediğinde ve kötürüm adamı sağ eliyle kavradığında, adamın ayakları ve bilekleri o anda sapasağlam oldu ve Tanrı'yı övmeye başladı. İnsanlar daha önce kötürüm olan adamın yürümeye ve Tanrı'yı övmeye başladığını görünce, büyük bir hayret ve şaşkınlığa düştüler.

Bir kişi şifaya kavuşmak istiyorsa, İsa Mesih'e inandığı bir imana sahip olmalıdır. Kötürüm adam sadece bir dilenci olsa dahi, İsa Mesih'e inandığı için, Tanrı'dan gücü alanlar onun için dua ettiklerinde iyileşebildi. Bu sebeple Kutsal Metinler şöyle yazar: *"Gördüğünüz ve tanıdığınız bu adam, İsa'nın adı sayesinde, O'nun adına olan imanla sapasağlam oldu. Hepinizin gözü önünde onu tam sağlığa kavuşturan, İsa'nın aracılığıyla etkin olan imandır"* (Elçilerin İşleri 3:16).

Matta 10:1'de İsa'yı öğrencilerine kötü ruhları kovmak, her hastalığı ve illeti iyileştirmek için yetki verirken buluruz. Eski Ahit zamanlarında Tanrı zayıflıkları iyileştirme gücünü Musa, İlyas ve Elişa gibi sevgili peygamberlerine vermiştir. Yeni Ahit zamanında ise Tanrı'nın gücü Petrus ve Pavlus gibi elçiler ve İstefanos ve Filipus gibi sadık hizmetlilerle birlikteydi.

Bir kişi bir kere Tanrı'nın gücünü almış ise imkânsız hiçbir şey yoktur. Kötürüme yardım eder, çocuk felcinden çekenleri ve yürüyemeyenleri iyileştirir, körün görmesini sağlar, sağırın kulaklarını açar ve sağır-dilsizlerin dillerini çözer.

Zayıflıkları İyileştirmenin Çeşitli Yolları

1. Tanrı'nın Gücü Sağır ve Dilsiz bir Adamı İyileştirdi

Markos 7:31-37'de Tanrı'nın gücünün sağır ve dilsiz bir adamı iyileştirdiğini okuruz. İnsanlar adamı İsa'ya getirdiklerinde ve O'ndan elini adamın üzerine koyması için yalvardıklarında, İsa adamı bir kenara çekip parmaklarını adamın kulağına soktu. Sonra tükürdü ve adamın diline dokundu. Göğe bakarak içini çekti ve adama, "Effata" ("iyileş" anlamına gelir) dedi. Adamın kulakları hemen açıldı, dili çözüldü ve düzgün bir şekilde konuşmaya başladı.

Tüm evreni Sözüyle yaratmış olan Tanrı, bir insanı Sözüyle iyileştiremez mi? İsa niçin parmaklarını adamın kulağını koymuştu? Sağır insan sesleri duyamadığından ve işaret diliyle iletişim kurduğundan, İsa sesli konuşuyor olsa bile diğerleri gibi duyup imana sahip olamazdı. İsa adamın imanı olmadığını bildiğinden parmaklarını kulağına soktu ve böylelikle parmakların dokunuşu yoluyla adam şifa bulacağı imana sahip olabildi. İmanda en önemli unsur bir kişinin şifa bulacağına inanmasıdır. İsa Sözle adamı iyileştirebilirdi ama adam duyamadığından imanı bu yöntemle adama yerleştirdi ve böylece şifa bulmasını sağladı.

Öyleyse İsa niçin adamın diline dokundu? İsa'nın tükürmüş olması bizlere adamın dilsizliğine kötü bir ruhun neden olduğunu gösterir. Eğer biri sebepsiz yere suratınıza tükürse, bunu nasıl karşılardınız? Bir kişinin kişiliğini düpedüz hiçe sayan, kötü ve ahlaksızca bir harekettir. Tükürme genel olarak birine saygısızlığı ve aşağılamayı simgelediğinden İsa'da aynı şekilde kötü ruhu kovmak için tükürmüştür.

Yaratılış'ta Tanrı'nın yılanı tüm hayatı boyunca toprak yiyerek lanetlediğini buluruz. Bu, diğer bir deyişle, yılanı kışkırtıp topraktan yaratılmış insanın üzerine salan düşman şeytan ve iblisi Tanrı'nın lanetlemesini simgeler. Bu sebeple, Âdem'in zamanından bu yana düşman şeytan insanları avlamak için mücadele vermekte ve insana eziyet etmek ve onu yutmak için her fırsatı aramaktadır. Nasıl sinekler, sivrisinekler ve kurtçuklar pis yerlerde yaşıyorlarsa, düşman şeytanda yürekleri günah, kötülük ve öfkeyle dolu olup zihinleri düşmanlıkla dolu olan insanların içinde yaşar. Sadece Tanrı'nın Sözüne göre yaşayan ve davranışlar sergileyenlerin hastalıklarına şifa bulacağını kavramalıyız.

2. Tanrı'nın Gücü Kör Bir Adamı İyileştirdi

Markos 8:22-25 ayetlerinde şunu buluruz:

İsa ile öğrencileri Beytsayda'ya geldiler. Orada bazı kişiler İsa'ya kör bir adam getirip ona dokunması için yalvardılar. İsa körün elinden tutarak onu köyün dışına çıkardı. Gözlerine tükürüp ellerini üzerine koydu ve, "Bir şey görüyor musun?" diye sordu. Adam başını kaldırıp,

"İnsanlar görüyorum" dedi, "Ağaçlara benziyorlar, ama yürüyorlar." Sonra İsa ellerini yeniden adamın gözleri üzerine koydu. Adam gözlerini açtı, baktı; iyileşmiş ve her şeyi açık seçik görmeye başlamıştı.

İsa bu kör adam için dua ettiğinde, adamın gözlerine tükürdü. Niçin kör adam İsa'nın ilk duasında değil de ikinci duasında görmeye başladı? Tanrı'nın gücüyle İsa adamı tamamıyla iyileştirebildi ama adamın kıt imanı olduğundan İsa ikinci kez dua ederek imana sahip olmasına yardım etti. Bu yolla İsa bizlere bazı insanların ilk duayla iyileşemediğini ve bu insanlar için şifa bulacaklarına inanmalarını sağlayan imanın tohumu ekilene dek iki kere, üç kere ve hatta dört kere dua etmemiz gerektiğini öğretir.

Kör adamın imanıyla iyileşemeyeceğini bildiğinden, hiçbir şeyin O'nun için imkânsız olmadığı İsa, tekrar tekrar dua etti. Bizler ne yapmalıyız? Daha çok yakararak ve dua ederek, şifa bulana dek sabretmek zorundayız.

Yuhanna 9:6-9 ayetlerinde İsa toprağa tükürüp çamur yapıp adamın gözlerine koyduktan sonra şifa bulan, doğuştan kör bir adam vardır. Niçin İsa toprağa tükürüp çamur yapıp adamın gözlerine çamuru koyarak kör adamı iyileştirmiştir? Burada tükürük kirliliği temsil etmez. İsa çamur yapıp kör adamın gözlerine koymak için tükürmüştür. İsa tükürerek çamur yaptı çünkü su yoktu. Çocuklarında çıban, şişkinlik ya da böcek ısırığı vakalarında ebeveynler genelde o bölgeye şefkatle kendi tükürüklerini sürerler. Zayıfların iman sahibi olabilmelerine yardım etmek için çeşitli yolları deneyen Rab'bimizin sevgisini algılamak zorundayız.

Kör adamın gözlerine çamuru sürdükten sonra adam gözlerinde çamurun bıraktığı hissi duyumsadı ve şifa bulacağı imana sahip oldu. Kendi imanı kıt olan kör adama İsa imanı verdikten sonra Gücüyle adamın gözlerini açtı.

İsa bizlere şöyle der: *"Sizler belirtiler ve harikalar görmedikçe iman etmeyeceksiniz"* (Yuhanna 4:48). Sadece Kutsal Kitap'ta ki Söze inanarak sahip olunan iman çeşidine günümüzde şifa ve harikaların mucizelerine tanık olmadan insanların sahip olmasını sağlamak imkânsızdır. Bilimin ve insan bilgisinin muazzam geliştiği şu devrimizde görülmeyen Tanrı'ya inanmayı sağlayacak ruhani imanı elde etmek oldukça zordur. "Gözümle görmeden inanmam" cümlesini çok sıklıkla duyarız. Yaşayan Tanrı'nın somut kanıtlarını gördüklerinde imanları büyüyeceğinden ve şifanın işleri çok daha hızlı gerçekleşeceğinden, "mucizevi belirti ve harikalar" mutlaka gereklidir.

3. Tanrı'nın Gücü Kötürümü İyileştirdi

İsa, İyi Haberleri duyururken ve her türlü hastalık ve illetten insanları iyileştirirken, Öğrencileri de ayrıca Tanrı'nın gücünü sergilediler.

Petrus kötürüm adama, "Nasıralı İsa Mesih'in adıyla,

yürü!" dediğinde ve sağ eliyle kavradığında, adamın ayakları
ve bilekleri o anda sapasağlam oldu ve sıçrayıp ayağa kalktı,
yürümeye başladı (Elçilerin İşleri 3:6-10). Tanrı'nın gücünü
aldıktan sonra Petrus'un ortaya koyduğu mucizevî belirti
ve harikaları görünce çok daha fazla insan Rab'be inanmaya
başladı. Hatta yoldan geçen Petrus'un hiç değilse gölgesi
bazılarının üzerine düşsün diye halk, hasta olanları caddelere
çıkartıp şilteler ve döşekler üzerine yatırıyorlardı. Yeruşalim'in
çevresindeki kasabalardan da kalabalıklar geliyor, hastaları
ve kötü ruhlardan acı çekenleri getiriyorlardı. Bunların hepsi
iyileştiriliyorlardı (Elçilerin İşleri 5:14-16).

Elçilerin İşleri 8:5-8'de şöyle yazar: *"Filipus, Samiriye
Kenti'ne gidip oradakilere Mesih'i tanıtmaya başladı.
Filipus'u dinleyen ve gerçekleştirdiği belirtileri gören
kalabalıklar, hep birlikte onun söylediklerine kulak verdiler.
Birçoklarının içinden kötü ruhlar yüksek sesle haykırarak
çıktı; birçok felçli ve kötürüm iyileştirildi. Ve o kentte büyük
sevinç oldu."*

Elçilerin İşleri 14:8-12 ayetleri, ayakları tutmayan, doğuştan
kötürüm olan ve hiç yürüyemeyen bir adamdan söz eder.
Pavlus'u dinledikten ve kurtuluşu alabileceği imana sahip
olduktan sonra Pavlus'un, "Kalk, ayaklarının üzerinde dur!"
demesiyle yerinden fırlayıp yürümeye başlamıştır. Bu olaya
tanık olanlar "Tanrılar insan kılığına girip yanımıza inmiş!" diye
haykırmışlardır.

Elçilerin İşleri 19:11-12 ayetlerinde şunu okuruz: *"Tanrı,*

Pavlus'un eliyle olağanüstü mucizeler yaratıyordu. Şöyle ki, Pavlus'un bedenine değen peşkir ve peştamallar hasta olanlara götürüldüğünde, hastalıkları yok oluyor, kötü ruhlar içlerinden çıkıyordu." Tanrı'nın gücü nasılda şaşırtıcı ve harikadır!

Petrus, Pavlus, diyakoz Filipus ve diyakoz İstefanos gibi yüreklerinde kutsallaşmayı ve sevgiyi bütünüyle başaran insanların sayesinde Tanrı'nın gücü bu gün bile ortaya konmaktadır. İnsanlar zayıflıklarının iyileştirilmesi dileğiyle ve imanlarıyla Tanrı'nın huzuruna geldiklerinde, Tanrı'nın işlerini ortaya koyan hizmetkârları yoluyla iyileşirler.

Manmin'in kuruluşundan beri yaşayan Tanrı birçok mucizevî işaret ve harikaları ortaya koymama, üyelerin yüreklerine imanın tohumlarını ekmeme ve büyük bir aydınlık getirmeme izin vermiştir.

Bir keresinde alkolik kocasının tacizlerine maruz kalan bir kadın vardı. Optik sinirleri felç olduğunda ve doktorlar ciddi fiziksel tacizden sonra umutlarını kestiklerinde, haberleri duyan kadın Manmin'e geldi. Ayinlere şevkle katıldı, iyileşmek için şevkle dua etti ve duamı aldıktan sonra tekrar görebildi. Tanrı'nın gücü, bir vakit kalıcı şekilde kaybolduğu düşünülen optik sinirleri tamamıyla iyileştirdi.

Diğer bir vakada ise ciddi bir yaralanma geçirerek sırtının sekiz yeri ezilen bir adam vardı. Bedenin aşağı kısmı felçli olduğundan iki bacağının kesilmesinin eşiğindeydi. İsa Mesih'i kabul ettikten sonra kesilmesini önleyebildi ama hala değnek kullanmak zorundaydı. Sonra Manmin Dua Merkezlerinin toplantısına katılmaya başladı ve kısa bir süre sonra Cuma Gece Boyu İbadet Hizmeti esnasında ve duamı aldıktan sonra değneklerini attı, iki ayağı üzerinde yürüdü ve o zamandan beri de müjdenin bir elçisi oldu.

Tanrı'nın gücü, tıp biliminin tedavi edemeyeceği zayıflıkları tamamen iyileştirebilir. Yuhanna 16:23'de İsa bize şu sözü verir: *"O gün bana hiçbir şey sormayacaksınız. Size doğrusunu söyleyeyim, benim adımla Baba'dan ne dilerseniz, size verecektir."* Tanrı'nın şaşırtıcı gücüne inanmanız, içtenlikle aramanız, hastalıklarınızla ilgili tüm sorunlarınıza yanıt almanız ve yaşayan kudretli Tanrı'nın İyi Haberlerini taşıyan elçiler olmanız için Rab'bimizin adıyla dua ediyorum.

Bölüm 6

Kötü Ruha Tutulmuşu İyileştirmenin Yolları

Markos 9:28-29

"İsa eve girdikten sonra öğrencileri özel olarak O'na, 'Biz kötü ruhu neden kovamadık?' diye sordular. İsa onlara, 'Bu tür ruhlar ancak duayla kovulabilir' yanıtını verdi."

Son Günler de Sevgi Giderek Soğuyacak

Modern bilimsel medeniyetin ilerlemesi ve sanayide gelişme maddi refah düzeyi getirdi ve insanların daha konforlu ve avantajlı yaşamlar sürmesini sağladı. Aynı zamanda bu iki etmen anlayış ve bağışlamayı bulmayı zorlaştırıp sevgiyi azalttıkça insanlar arasında yabancılaşmaya, bolca bencilliğe, ihanete ve insanlar arasında aşağılık duygusuna sebep oldu.

Matta 24:12'nin, *"Kötülüklerin çoğalmasından ötürü birçoklarının sevgisi soğuyacak,"* öngörüsünde olduğu gibi, kötülüğün zaferden zafere koşup, sevginin soğuduğu bu zamanda toplumumuzda ki en ciddi problemlerden biri, gittikçe çoğalan sayıda insanın sinir çöküntüsü ve şizofreni gibi ruh hastalıklardan çekiyor olmasıdır.

Akıl hastaneleri normal yaşantılarını sürdüremeyen pek çok hastayı tecrit eder ama henüz onlar için uygun tedaviyi bulabilmiş de değildir. Senelerce süren tedaviden sonra hiçbir ilerleme kaydedilmemiş ise aileler yorgun düşer ve çoğu ya hastaya aldırış etmez ya da terk ederler. Ailelerinden uzak ve onlarsız yaşayan bu hastalar, normal insanlar gibi hayatlarını sürdüremezler. Sevdiklerinden sevgiye ihtiyaçları olmasına rağmen, bu tür hastalara herkes sevgilerini gösteremez.

İncil'de İsa'nın cine tutulmuş insanları iyileştirdiği pek çok örnek buluruz. Bunlar niçin Kutsal Metinler arasında yazılmıştır? Çağın sonu yaklaştıkça, sevgi soğur ve şeytan insanlara ıstırap çektirir. İnsanların akıl hastalıklarından çekmesine neden olur ve onları şeytanın çocukları olarak evlat edinir. Şeytan, eziyet çektirir, hasta eder ve insanların akıllarını günah ve kötülükle bozar. Toplum günah ve kötülüğün içine battıkça, insanlar çekememezlik, kavga, nefret ve birbirlerini öldürmekte hızlı davranırlar. Son günler yaklaştıkça, Hristiyanlar gerçeği yalandan ayırabilmeli, imanlarını korumalı ve hem fiziksel hem de ruhsal açıdan sağlıklı hayatlar sürdürmelidirler.

Şeytanın kışkırtma ve eziyetlerinin nedeni, bilimsel medeniyetin oldukça geliştiği şu modern toplumumuzda artan ruh hastalıklarını ve çok sayıda kötü ruha tutulmuş insanı inceleyelim.

Şeytanın Etkisi Altına Girme Süreci

Her insanın vicdanı vardır ve insanların çoğu vicdanlarına göre davranır ve yaşarlar ama her insanın vicdanı ve bu vicdanı takip eden sonuçlar insandan insana farklılık gösterir. Bunun nedeni her bireyin farklı çevre ve koşullarda doğup büyümesi; anne-babalarından, ev ve okullarından farklı şeyler görmesi, duyması ve öğrenmesi ve farklı bilgileri muhafaza etmiş olmalarıdır.

Gerçek olan Tanrı'nın Sözü bizlere, *"Kötülüğe yenilme, kötülüğü iyilikle yen"* (Romalılar 12:21) der ve *"Ama ben size diyorum ki, kötüye karşı direnmeyin. Sağ yanağınıza bir tokat atana öbür yanağınızı da çevirin"* (Matta 5:39) tavsiyesinde bulunur. Söz, sevgiyi ve bağışlamayı öğrettiğinden, Söze inananlarda "kaybetmek kazanmaktır" şeklinde standart bir yargı gelişir. Diğer taraftan ise, eğer kişi kendisine saldırıldığında misilleme yapması gerektiğini öğrenmiş ise, karşı koymaktan kaçınmanın korkakça ve karşı koymanın cesurca olduğu bir yargıya sahip olacaktır. Üç etmen – her bireyin standart yargısı, kişinin doğru ya da doğruluk dışı sürdürdüğü yaşamı ve dünyaya ne kadar ödün verdiği – farklı insanlarda farklı vicdanlar şekillendirecektir.

İnsanlar farklı yaşamlar sürdürdüklerinden ve dolayısıyla vicdanları da farklı olduğundan, Tanrı'nın düşmanı şeytan bu durumu doğruluğun ve iyiliğin karşısında duran kötü düşüncelerin doğmasında ve insanları günah işlemeye iten benliğin doğasına göre yaşamaları konusunda akıllarını çelmek için kullanır.

İnsanların yüreklerinde Tanrı'nın yasasına göre yaşamalarını isteyen Kutsal Ruh'un arzusuyla, benliğin tutkuları peşinde gitmeye zorlayan benliğin doğasının arzusu arasında bir çekişme vardır. Bu sebeple Tanrı bizlere Galatyalılar 5:16-17'de şu öğüdü verir: *"Şunu demek istiyorum: Kutsal Ruh'un yönetiminde yaşayın. O zaman benliğin tutkularını asla yerine getirmezsiniz. Çünkü benlik Ruh'a, Ruh da benliğe aykırı olanı arzular. Bunlar birbirine karşıttır; sonuç olarak, istediğinizi yapamıyorsunuz."*

Eğer Kutsal Ruh'un arzularına göre yaşarsak, göksel egemenliği miras alacağız ve eğer benliğin doğasının tutkularını izler ve Tanrı'nın Sözüne göre yaşamazsak, göksel egemenliği miras almayacağız. Bu sebeple Galatyalılar 5:19-21 ayetlerinde Tanrı bizi şöyle uyarmıştır:

Benliğin işleri bellidir. Bunlar fuhuş, pislik, sefahat, putperestlik, büyücülük, düşmanlık, çekişme, kıskançlık, öfke, bencil tutkular, ayrılıklar, bölünmeler, çekememezlik, sarhoşluk, çılgın eğlenceler ve benzeri şeylerdir. Sizi daha önce uyardığım gibi yine uyarıyorum, böyle davrananlar Tanrı Egemenliği'ni miras alamayacaklar.

Öyleyse insanlar nasıl kötü ruhların etkisi altına girerler?

Şeytan, yüreği benliğin doğasıyla dolu bir kişide benliğin tutkularını düşünceleri yoluyla kızıştırır. Eğer zihnini kontrol edemiyor ve benliğin doğasına uygun davranışlar sergiliyorsa, suç duygusu yerleşir ve yüreğinde kötülük çok daha gelişir. Bu tür benliğin doğasının davranışları biriktiğinde, sonunda insan kendini kontrol edemez hale gelir ve şeytan kendisine her ne yapmasına ön ayak oluyorsa, yapar. Bu tür insanların şeytanın "etkisi" altında olduğu söylenir.

Farz edelim ki çalışmayı sevmeyen ama aksine içmeyi ve saatlerini boşa harcamayı tercih eden tembel bir adam olsun. Şeytan böyle bir bireyin zihnini kışkırtır ve kontrol eder ki, çalışmanın külfetli olduğunu düşünerek içmeye ve vaktini boşa harcamaya devam etsin. Şeytan ayrıca bu kişiden gerçek olan iyiliği de uzaklaştırır, yaşamını geliştirmesi için gerekli olan enerjiyi çalar ve o kişiyi yararsız ve beceriksiz bir insan haline dönüştürür.

Şeytanın düşüncesine göre yaşadığı ve davrandığı için, şeytandan kaçamaz. Dahası yüreği daha da kötüleştiğinden ve kendini çoktan kötü düşüncelere teslim ettiğinden, yüreğini kontrol etmek yerine hoşuna ne gidiyorsa onu yapacaktır. Eğer kızmayı istiyorsa kızacaktır. Eğer kavga veya tartışmayı istiyorsa, istediği kadar kavga edecek ve tartışacaktır ve içmek istiyorsa, içmekten kendini alamayacaktır. Bu biriktiği zaman, belli bir noktadan sonra düşüncelerini ve yüreğini kontrol edemeyecek ve her şeyin isteğine aykırı geliştiğini fark edecektir. Bu süreçten sonra ise kötü ruhların etkisi altına girecektir.

Kötü Ruhların etkisi altına girmenin nedeni

Bir kişinin şeytan tarafından kışkırtılıp, sonra kötü ruhların altına girmesinin iki ana nedeni vardır.

1. Ebeveynler

Eğer ebeveynler Tanrı'yı terk etmiş, Tanrı'nın tiksindiği ve çok kötü bulduğu putlara ibadet etmiş veya olağanüstü kötü bir şey yapmışlarsa, kötü ruhların etkisi çocuklarına nüfuz edecek ve eğer kontrolsüz bırakılırlarsa, kötü ruhların etkisi altına gireceklerdir. Böyle bir durumda anne-babalar Tanrı'nın huzuruna çıkmalı, tamamıyla günahlarından tövbe etmeli, günahla dolu yaşamlarından geri dönmeli ve çocuklarının yerine yakarmalıdırlar. Böylelikle Tanrı, anne-babaların yüreklerini görecek ve adaletsizliğin zincirlerini gevşeterek şifanın işlerini ortaya koyacaktır.

2. Kişinin Kendisi

Ebeveynlerin günahları dışında, bir kişi kendi kötülüğü, kibri ve kendi gerçeğe aykırı davranışları yüzünden kötü ruhların etkisinde kalabilir. Kişi kendi başına dua edip tövbe edemediğinden, Tanrı'nın gücünü ortaya koyan bir hizmetlinin duasını aldığında adaletsizliğin zincirleri çözülebilir. Kötü ruhlar kovulup ta kendine geldiğinde, bu kişiye Tanrı'nın Sözü öğretilmelidir ki, bir zamanlar günaha ve kötülüğe batmış olan yüreği temizlensin ve gerçeğin yüreği olsun.

Bu sebeple, eğer aile fertleri veya akrabalardan biri cinlerin etkisine girmiş ise, aile bu kişinin yerine dua edecek birini tahsis etmelidir. Bunun nedeni, kötü ruhların etkisinde olan kişilerin yürekleri ve zihinlerinin cinler tarafından kontrol edilmesi ve kendi isteklerine göre davranamamalarıdır. Ne dua edebilir ne de gerçeğin Sözünü dinleyebilirler ve dolayısıyla gerçeğe göre yaşayamazlar. Bu sebeple tüm aile veya aileden sadece bir kişi bu insan için sevgi ve acımayla dua etmelidir ki kötü ruhun etkisinde ki bu kişi imanda yaşayabilsin. Tanrı ailede ki sevgiyi ve adamayı gördüğünde şifanın işlerini ortaya koyacaktır. İsa bizlere komşumuzu da kendimizi sevdiğimiz gibi sevmemizi söylemiştir (Luka 10:27). Eğer kötü ruhların etkisinde olan ailemizin bir üyesi için kendimizi adayamıyor ve dua edemiyorsak, komşularımızı sevdiğimizi nasıl söyleyebiliriz?

Kötü ruhun etkisinde olan kişinin ailesi ve dostları sebebi belirler, tövbe eder, Tanrı'nın gücü için imanla dua eder, sevgiyle kendilerini adar ve imanın tohumunu ekerlerse, o zaman kötü ruhların etkisi uzaklaşır ve sevdikleri kişi Tanrı'nın kötü ruhlara karşı koruyacağı gerçeğin insanına dönüşür.

Kötü Ruhların Etkisinde ki İnsanları İyileştirmenin Yolları

Kutsal Kitap'ın birçok bölümünde kötü ruhların etkisinde olan insanların iyileştirilmesiyle ilgili örnekler vardır. Bunların nasıl şifa bulduklarını inceleyelim.

1. Kötü ruhların etkilerini geri püskürtmelisiniz

Markos 5:1-20 ayetlerinde kötü ruha tutulmuş bir adamı buluruz. Üçüncü ve dördüncü ayetler adamı, *"Mezarların içinde yaşayan bu adamı artık kimse zincirle bile bağlı tutamıyordu. Birçok kez zincir ve kösteklerle bağlandığı halde, zincirleri koparmış, köstekleri parçalamıştı. Hiç kimse onunla başa çıkamıyordu.* " diye anlatır. Ayrıca Markos 5:5-7 ayetlerinden *"Gece gündüz mezarlarda, dağlarda bağırıp duruyor, kendini taşlarla yaralıyordu. Uzaktan İsa'yı görünce koşup geldi, O'nun önünde yere kapandı. Yüksek sesle haykırarak, 'Ey İsa, yüce Tanrı'nın Oğlu, benden ne istiyorsun? Tanrı hakkı için sana yalvarırım, bana işkence etme!'"* dediğini öğreniriz. Bu, İsa'nın "Ey kötü ruh, adamın içinden çık!" buyruğuna bir yanıttı. Bu sahne bize insanlar her ne kadar İsa'nın Tanrı'nın Oğlu olduğunu bilmeseler de kötü ruhun İsa'nın gerçekten kim olduğunu ve ne çeşit bir güce sahip olduğunu bildiğini anlatır.

Bunun üzerine İsa, "Adın ne?" diye sordu ve kötü ruhun etkisinde olan adam: "Adım Tümen. Çünkü sayımız çok" diye yanıtladı. Ayrıca İsa'ya tekrar tekrar ruhları o bölgeden çıkarmaması ve kendilerini domuz sürüsüne yollaması için yalvardı. İsa kim olduğunu bilmediği için değil ama kötü ruhu sorgulayan bir hakim edasıyla bu soruyu sormuştu. Dahası "tümen", fazla sayıda kötü ruhun adamı esir olarak tuttukları anlamına geliyordu.

İsa, "tümenin" dik yamaçtan aşağı koşuşarak göle atlayıp boğulan domuzların içine girmesine izin verdi. Kötü ruhları su ile simgelenen gerçeğin Sözüyle kovmalıyız. Çevredekiler insanın gücüyle iyileşemeyecek olan adamın şifa bulduğunu gördüklerinde korktular.

Bu gün kötü ruhları nasıl kovmalıyız? İsa Mesih'in adıyla Sözü simgeleyen suya ya da Kutsal Ruh'u simgeleyen ateşe atılmalıdırlar ki güçlerini kaybetsinler. Ancak cinler ruhani varlıklar olduklarından güçle dolu bir insan dua ettiğinde kovulurlar. İmanı olmayan biri onları kovmaya teşebbüs ettiğinde, kötü ruhlar o kişiyi kâh küçümseyecek kâh onunla alay edeceklerdir. Bu sebeple kötü ruhların etkisinde olan birini iyileştirmek için, onları kovabilecek güçle dolu bir Tanrı insanı dua etmelidir.

Ancak bazen bir Tanrı adamı İsa Mesih'in adıyla onları kovduğunda, cinler bulundukları yeri terk etmez. Bunun nedeni kötü ruhların etkisinde olan kişinin Kutsal Ruh'a karşı konuşması ya da O'na küfretmiş olmasıdır (Matta 12:31; Luka 12:10). Gerçeği öğrenip benimsedikten sonra, bile bile günah işlemeye devam eden kötü ruhun etkisinde ki insanlar için şifa gerçekleşmez (İbraniler 10:26).

İlaveten İbraniler 6:4-6 ayetlerinde şunu buluruz: *"Bir kez aydınlatılmış, göksel armağanı tatmış ve Kutsal Ruh'a ortak edilmiş, Tanrı sözünün iyiliğini ve gelecek çağın güçlerini tatmış oldukları halde yoldan sapanları yeniden tövbe edecek duruma getirmeye olanak yoktur. Çünkü onlar Tanrı'nın Oğlu'nu adeta yeniden çarmıha geriyor, herkesin önünde aşağılıyorlar."*

Şimdi bunu öğrendiğimize göre, kendimize göz kulak olmalıyız ki, bağışlama alamayacağımız günahlar asla işlemeyelim. Kötü ruhların etkisinde olan bir insanın dua ile iyileşip iyileşmeyeceğini gerçeklik içinde ayırt edebilmeliyiz.

2. Kendinizi gerçekle silahlandırın.

Kötü ruhlar bir kere kovulduktan sonra insanlar şevkle Tanrı'nın Sözünü okuyarak, ilahiler söyleyerek ve dua ederek yüreklerini yaşam ve gerçekle doldurmalıdırlar. Hatta kötü ruhlar kovulsa bile, eğer insanlar kendilerini gerçekle silahlandırmadan günah içersinde yaşamaya devam ediyorlarsa, daha kötü ruhların etkisine gireceklerdir. İnsanlar kötü ruhların etkisine girdiklerinde çok daha kötü durumda olacaklarını unutmayın.

Matta 12:43-45 ayetlerinde İsa bize şöyle der:

> *Kötü ruh insandan çıkınca kurak yerlerde dolanıp huzur arar, ama bulamaz. O zaman, "Çıktığım eve, kendi evime döneyim" der. Eve gelince orayı bomboş, süpürülmüş, düzeltilmiş bulur. Bunun üzerine gider, yanına kendisinden kötü yedi ruh daha alır ve eve girip yerleşirler. Böylece o kişinin son durumu ilkinden beter olur. Bu kötü kuşağın başına gelecek olan da budur.*

Kötü ruhlar dikkatsizce kovulmamalıdırlar. Dahası, kötü ruhlardan temizlendikten sonra etkilenen kişinin ailesi ve dostları şimdi, öncekinden çok daha fazla alaka ve sevgiye ihtiyacı olduğunu anlamalıdırlar. Kendilerini adayarak, feda ederek ve tam bir şifa gerçekleşene dek kişiyi gerçekle kuşatarak göz kulak olmalılardır.

İnanan Kişi İçin Her Şey Mümkündür

Markos 9:17-27 ayetleri, İsa'nın babanın imanını gördükten sonra, dilsiz ruha tutulan saralı oğlunu iyileştirmesini konu alır. Oğlun nasıl şifa bulduğunu kısaca inceleyelim.

1. Aileler İmanlarını Göstermelidir

Markos 9'da kötü bir ruhun etkisinde olmasından dolayı çocukluğundan bu yana dilsiz ve sağır olan bir oğuldan bahsedilir. Tek bir kelime anlamadığından onunla iletişim kurmak imkânsızdı. Dahası, sara belirtilerinin ne zaman ve nerede ortaya çıkacağını belirlemekte mümkün değildi. Bu sebeple babası her daim korku ve azap içinde, yaşamda ki tüm umutlarını kaybetmiş olarak yaşıyordu.

Bir gün bu baba, ölüleri diriltmek ve çeşitli hastalıkları iyileştirmek gibi mucizeler sergileyen Celile'den bir adamla ilgili haberleri duydu. Ümit ışığı adamın çaresiz haline derman oldu. Eğer haberler doğruysa, Celile'de ki bu adamın oğlunu iyileştireceğine inandı. Umutla oğlunu İsa'nın huzuruna getirdi ve O'na şöyle dedi: *"Elinden bir şey gelirse, bize yardım et, halimize acı!"* (Markos 9:22).

Babanın içten isteğini duyunca İsa şöyle yanıtladı: *"Elimden gelirse mi? İman eden biri için her şey mümkün!"* (Markos 9:23) ve kıt imanı yüzünden babayı azarladı. Baba, İsa ile ilgili haberleri duymuştu ama tüm yüreğiyle inanmamıştı. Eğer baba, İsa'nın Tanrı'nın Oğlu, kudret ve gerçeğin ta kendisi olduğundan haberdar olsaydı "eğer" sözünü kullanmış olmazdı. İmansız Tanrı'yı hoşnut etmenin ve tam bir iman olmadan yanıtlar almanın imkânsız olduğunu bize öğretmek için, İsa, "Elimden gelirse mi?" dedi ve "kıt imanı" sebebiyle babayı azarladı.

Genel olarak iman iki çeşide ayrılır. "Benliğin imanı" veya "bilgi olarak iman" ile kişi ne görürse ona inanır. Kişinin görmeden inandığı imana ise "ruhani iman", "gerçek iman", "yaşayan iman" veya "eylemlerin eşlik ettiği iman" denir. Bu çeşit bir iman yoktan bir şeyi var edebilir. İncil'e göre "imanın" tanımı şudur: *"İman, umut edilenlere güvenmek, görünmeyen şeylerin varlığından emin olmaktır."* (İbraniler 11:1).

İnsanlar tedavi edilebilir hastalıklardan çektikleri zaman, imanlarını gösterir ve Kutsal Ruh ile dolarlarsa, Kutsal Ruh'un ateşiyle dağlanarak bu hastalıklarından iyileşirler. İman hayatının ilk safhalarında olan biri hastalanırsa, yüreğini açıp Sözü dinler ve imanını gösterirse iyileşebilir. Eğer imanında olgunluğa ulaşmış bir Hristiyan hastalanırsa, tövbe yoluyla gittiği yollardan dönerse iyileşebilir.

İnsanlar, tıp biliminin tedavi edemediği hastalıklardan çektiklerinde, uygun büyüklükte bir iman göstermelidirler. Eğer imanında olgunluğa ulaşmış bir Hristiyan hastalanırsa, yüreğini açar, yüreğini arındırarak tövbe eder ve içten dua ederse, iyileşebilir. Eğer bir kişinin kıt imanı varsa ya da imansız ise, iman sahibi olana dek iyileşemeyecek ve imanının gelişimine uygun olarak ta şifanın işleri ortaya konacaktır.

Bedenleri bozulmuş fiziksel rahatsızlığı olanlar ve kalıtsal hastalıklar ancak Tanrı'nın mucizeleriyle iyileşebilir. Böylece, Tanrı'yı sevebilecekleri ve O'nu hoşnut edecekleri iman ve adamayı göstermelidirler. Ancak o zaman Tanrı onların imanlarını onaylar ve şifanın işlerini ortaya koyar. İnsanlar Tanrı'ya olan gayretli imanlarını – Bartimay'ın İsa'yı içtenlikle çağırması (Markos 10:46-52), yüzbaşının İsa'ya büyük imanını göstermesi (Matta 8:5-13) ve felçliyle dört arkadaşının iman ve adamalarını gösterdikleri gibi (Markos 2:3-12) – gösterdiklerinde, Tanrı onlara şifa verecektir.

Kötü ruhların etkisinde olan insanlar, Tanrı'nın işi olmadan iyileşemeyeceklerinden ve imanlarını da gösteremediklerinden, onlar için göklerden şifayı alabilmek için diğer aile fertleri kudretli Tanrı'ya inanmalı ve O'nun huzuruna çıkmalıdırlar.

2. İnsanlar inanabildikleri imanlara sahip olmalıdırlar

Uzun zamandır kötü ruhun etkisinde olan oğlun babası kıt imanı yüzünden İsa tarafından azarlanmıştı. İsa tam bir kesinlikle "İman eden biri için her şey mümkün" dediğinde, baba dudaklarıyla "İnanıyorum" diye yanıtladı. Ancak inancı bilgiyle sınırlıydı. Bu sebeple İsa'ya şöyle yalvardı: *"imansızlığımı yenmeme yardım et"* (Markos 9:24). İsa, babanın samimi bir yürek, içten dua ve imanla yalvardığını bildiğinden, babaya inanabileceği imanı verdi.

Aynı şekilde bizlerde Tanrı'ya yakarak inanabileceğimiz imanı alabilir, bu imanla sorunlarımıza yanıt alabileceğimiz uygunluğa erişir ve "imkânsız" olanın "mümkün" olduğunu görürüz.

Baba inanabileceği imana sahip olduktan sonra İsa, *"Sana buyuruyorum, dilsiz ve sağır ruh, çocuğun içinden çık ve ona bir daha girme!"* dedi ve kötü ruh çığlık atarak çocuğu terk etti (Markos 9:25-27). Babanın dudakları inanabileceği iman için yalvardığından ve İsa'nın azarlamasına rağmen Tanrı'nın müdahalesini arzuladığından, şifanın hayretlere düşüren işlerini İsa ortaya koydu.

Hatta İsa, dilsiz bir ruha tutulan ve sıklıkla düşüp ağzından köpükler saçan, dişlerini gıcırdatan ve kaskatı kesilen sara hastasını tamamıyla şifaya kavuşturdu. Öyleyse her şeyin mümkün olduğu Tanrı'nın gücüne inananlar ve Tanrı'nın Sözüne göre yaşayanlar için, Tanrı her şeyin onlar için iyi gitmesine ve sağlıklı hayatlar sürmelerine izin vermez mi?

Manmin'in kuruluşundan kısa bir süre sonra Manmin ile ilgili haberleri duyan Gang-won eyaletinden genç bir adam kiliseyi ziyarete geldi. Genç adam Pazar Okulu öğretmeni ve koronun bir üyesi olarak sadakatle hizmet veriyordu. Ancak fazlasıyla kibirli olduğundan ve yüreğinden kötülüğü tamamıyla atmak yerine günahı biriktirdiğinden, genç adam kötü bir ruhun temiz olmayan yüreğine girmesi ve içinde yaşamaya başlamasından sonra ıstırap çekmeye başladı. Şifanın işleri, babasının içten duası ve adayışıyla ortaya kondu. Kötü ruhun kimliğini belirledikten ve dua ile onu kovduktan sonra, genç adamın ağzı köpürdü, başı arkaya düştü ve çok kötü bir koku yaydı. Bu olaydan sonra, genç adam Manmin'de kendisini gerçekle kuşatarak hayatını yeniledi. Bu gün Gang-won'da ki kilisesine sadakatle hizmet etmekte ve sayısız insanla iyileşmesini paylaşarak Tanrı'yı yüceltmektedir.

Tanrı'nın işlerinin kapsamının sınırsız ve onunla her şeyin mümkün olduğunu anlamanız ve dolayısıyla dua ile aradığınızda Tanrı'nın sadece kutsanmış bir çocuğu değil ama ayrıca her zaman her şeyde işleri iyi giden sevgiyle andığı bir aziz olmanız için Rab'bimizin adıyla dua ediyorum.

Bölüm 7

Deri Hastalığı Olan Naaman'ın İmanı ve İtaati

2. Krallar 5:9-10, 14

"Böylece Naaman atları ve savaş arabalarıyla birlikte gidip Elişa'nın evinin kapısı önünde durdu. Elişa ona şu haberi gönderdi: 'Git, Şeria Irmağı'nda yedi kez yıkan. Tenin eski halini alacak, tertemiz olacaksın.' Bunun üzerine Naaman Tanrı adamının sözü uyarınca gidip Şeria Irmağı'nda yedi kez suya daldı. Teni eski haline döndü, bebek teni gibi tertemiz oldu."

Deri Hastası Komutan Naaman

Hayatımızda küçük ve büyük sorunlarla yüzleşiriz. Bazı zamanlar insanın gücünün ötesinde sorunlarla yüzleşiriz.

İsrail'in kuzeyinde Aram adında bir ülkede Naaman adında bir ordu komutanı vardı. Ülkenin en kritik zamanlarında Aram'ın ordusunu zafere taşımıştı. Naaman ülkesini sevdi ve sadakatle kralına hizmet etti. Kral, Naaman'ı fazlasıyla el üstünde tutmasına rağmen komutan kimsenin bilmediği bir sır yüzünden şiddetli ıstırap içindeydi.

Bu ıstırabının nedeni neydi? Naaman, zenginlik veya ünden yoksun olduğu için azap içinde değildi. Naaman kendini özürlü hissediyor ve yaşamında mutluluğu bulamıyordu çünkü o zaman ki tıbbın tedavi edemediği deri hastalığından çekiyordu.

Naaman'ın zamanında deri hastalığı olanlar kirli sayılırdı. Şehrin dışında tecrit yaşamaya zorlanırlardı. Naaman'ın acısı çok daha fazla dayanılmazdı çünkü acısına ek olarak hastalığına eşlik eden diğer sorunlarda vardı. Deri hastalıklarının belirtileri arasında özellikle yüz olmak üzere kol ve bacaklarda, ayağın üst kısmında lekeler ve duyularda da bozulma oluşurdu. Çok daha ciddi vakalarda kaşlar, el ve ayak tırnakları düşer ve bir kişinin baştan aşağı görüntüsü kötüleşirdi.

Böylece bir gün, tedavisi olmayan bir hastalıktan çeken ve hayattan hiçbir zevk almayan Naaman iyi haberleri duydu. İsrail'den tutsak olarak getirilip eşinin hizmetine verilen küçük bir kızdan kendisinin deri hastalığını iyileştirebilecek Samiriye'de bir peygamber olduğunu öğrendi. Şifa bulmak için yapamayacağı hiçbir şey olmadığından Naaman, kralına hastalığını ve hizmetçiden duyduklarını anlattı. Sadık komutanının Samiriye'de ki peygambere giderek deri hastalığından kurtulabileceğini duyması üzerine kral seve seve Naaman'a yardımcı oldu ve hatta Naaman için İsrail kralına mektup bile yazdı.

Naaman, on talant gümüş, altı bin şekel altın ve on takım giysi ve kralının, *"Bu mektupla birlikte sana kulum Naaman'ı gönderiyorum. Onu deri hastalığından kurtarmanı dilerim"* (a. 6) yazan mektupla İsrail'in yolunu tuttu. O sırada Aram, İsrail'den çok daha güçlü bir ulustu. Aram kralının mektubunu okuyan İsrail kralı giysilerini yırtıp, *"Ben Tanrı mıyım, can alıp can vereyim? Nasıl bana bir adam gönderip onu deri hastalığından kurtar der? Görüyor musunuz, açıkça benimle kavga çıkarmaya çalışıyor!"* (a. 7) diye haykırdı.

İsrail'in peygamberi Elişa bu haberleri duyduğunda kralın huzuruna çıkıp, *"Neden giysilerini yırttın? Adam bana gelsin, İsrail'de bir peygamber olduğunu anlasın"* (a. 8) dedi. İsrail'in kralı Naaman'ı Elişa'nın evine gönderdi. Peygamber komutanın karşısına çıkmadı ama ona şu haberi gönderdi: *"Git, Şeria Irmağı'nda yedi kez yıkan. Tenin eski halini alacak, tertemiz olacaksın"* (a. 10).

Atları ve savaş arabalarıyla birlikte gidip Elişa'nın evinin kapısı gelip peygamber tarafından karşılanmayan ve selamlanmayan Naaman nasıl da garip hissetmiş olmalı?

Komutan öfkeyle ayrıldı. İsrail'den daha güçlü bir ülkenin komutanı ziyarete geldiğinden, içtenlikle kapıda karşılanacağını ve peygamberin eliyle dokunarak onu iyileştireceğini düşünmüştü. Halbuki Naaman soğuk karşılanmış ve kendisine Şeria gibi pis ve küçük bir ırmakta yıkanması söylenmişti.

Öfke içersinde Naaman, *"Sandım ki dışarı çıkıp yanıma gelecek, Tanrısı RAB'be yalvararak eliyle hastalıklı derime dokunup beni iyileştirecek. Şam'ın Avana ve Farpar ırmakları İsrail'in bütün ırmaklarından daha iyi değil mi? Oralarda yıkanıp paklanamaz mıydım sanki?"* (a. 11-12) diyerek eve dönmeye karar verdi. Eve dönmeye hazırlanırken Naaman'ın görevlileri yanına gelip, *"Efendim, peygamber senden daha zor bir şey istemiş olsaydı, yapmaz mıydın? Oysa o sana sadece, 'Yıkan, temizlen diyor.'"* (a. 13) dediler. Elişa'nın söylediklerini dinlemesini öğütlediler.

Elişa'nın söylediklerini yapıp yedi kez Şeria Irmağına dalıp çıktıktan sonra Naaman'a ne oldu? Teni eski haline döndü, bebek teni gibi tertemiz oldu. Naaman'a oldukça ıstırap veren deri hastalığı tamamıyla iyileşti. İnsanoğlu tarafından tedavi edilemeyen hastalığı Naaman'ın Tanrı'nın adamına itaati sonucu bütünüyle iyileştiğinde, komutan yaşayan Tanrı'yı ve Tanrı adamı Elişa'yı şükranla tanıdı.

Yaşayan Tanrı'nın gücünü – deri hastalığına şifa veren Tanrı – deneyim ettikten sonra, Naaman Elişa'nın yanına geri gitti: *"Naaman adamlarıyla birlikte Tanrı adamının yanına döndü. Onun önünde durup şöyle dedi: 'Şimdi anladım ki,*

İsrail dışında dünyanın hiçbir yerinde Tanrı yoktur. Lütfen, bu kulunun armağanını kabul et.' Elişa, 'Hizmetinde olduğum yaşayan RAB'bin adıyla ant içerim ki, hiçbir şey alamam' diye karşılık verdi. Naaman direttiyse de, Elişa almak istemedi. Bunun üzerine Naaman, 'Madem armağan istemiyorsun, öyleyse buradan iki katır yükü toprak almama izin ver' dedi, 'Çünkü bu kulun artık RAB'bin dışında başka ilahlara yakmalık sunu ve kurban sunmayacaktır'" (2. Krallar 5:15-17).

Naaman'ın İmanı ve Eylemi

Şifa veren Tanrı ile tanışan ve tedavisi olmayan hastalığından iyileşen Naaman'ın imanı ve eylemini şimdi inceleyelim.

1. Naaman'ın İyi Vicdanı

Bazı insanlar başkalarının sözlerini kolayca kabul edip inanırken, diğerleri koşulsuz kuşku duyma ve güvenmeme eğiliminde olurlar. Naaman iyi bir vicdana sahip olduğundan, başkalarının sözlerine aldırmazlık etmedi ama kibarca onları kabul etti. İsrail'e gitti, Elişa'nın söylediklerine itaat etti ve savsaklamak yerine dikkate aldığından ve eşine hizmet eden küçük bir kızın sözlerine inandığından şifaya kavuştu. İsrail'den tutsak olarak getirilen bu küçük kız eşine, *"Keşke efendim Samiriye'deki peygamberin yanına gitse! Peygamber onu deri hastalığından kurtarırdı,"* (a. 5) dediğinde, Naaman ona inandı. Farz edin ki Naaman'ın durumundasınız. Siz ne yapardınız? Kızın sözlerini bütünüyle kabul eder miydiniz?

Günümüzde modern tıbbın ilerlemesine rağmen tıbbın faydasız kaldığı pek çok hastalık vardır. Tedavisi mümkün olmayan hastalığınızdan Tanrı'nın sayesinde ve dua aldıktan sonra iyileştiğinizi söylediğinizde, size kaç kişinin inanacağını düşünüyorsunuz? Naaman küçük kızın sözlerine inandı, izin için kralının huzuruna çıktı, İsrail'e gitti ve deri hastalığından iyileşti. Diğer bir deyişle, iyi bir vicdanı olduğundan küçük bir kızın sözlerine icabet ederek ona göre davrandı. Bize müjdenin duyurulması gibi bizlerde ancak müjdenin duyurulmasına inanır ve Naaman gibi Tanrı'nın önüne çıkarsak sorunlarımıza yanıtlar alacağımızı kavramalıyız.

2. Naaman Düşüncelerini Yok Etti

Naaman, kralın yardımıyla İsrail'e gittiğinde ve Elişa'nın evine vardığında, deri hatalıklarını iyileştiren peygamberin soğuk karşılamasıyla karşılaştı. İnançlı olmayan Naaman'ın gözlerinde hiçbir ünü ve sosyal statüsü olmayan Elişa, kendisini Aram kralının sadık bir görevlisi olarak karşılamadığında ve Naaman'a – bir ulak yoluyla – Şeria ırmağında yedi kez yıkanmasını söylediğinde, aşikâr bir biçimde öfkelendi. Naaman öfkelenmişti çünkü bizzat Aram kralı kendisini göndermişti. Dahası Elişa elini bile üzerine koymamış ama Naaman'a Şeria ırmağı gibi kirli ve küçük bir ırmakta temizlenebileceğini söylemişti.

Naaman, Elişa'ya ve kendi düşünceleriyle anlayamadığı davranışına kızdı. Kendi ülkesinde pek çok büyük ve temiz ırmaklar olduğunu ve orada kendini yıkayarak temizleneceğini düşünerek eve dönüş için hazırlandı. O anda Naaman'ın görevlileri efendilerine Elişa'nın söylediklerine itaat etmesini ve Şeria Irmağında yıkanmasını öğütlediler.

Naaman iyi bir vicdana sahip olduğundan, kendi düşüncelerine göre davranmak yerine Elişa'nın söylediklerine itaat etmeye karar verip Şeria Irmağının yolunu tuttu. Naaman'ın sosyal statüsüne eş değerde olan kaç kişi tövbe edip kendilerinden daha aşağı mertebe de olanlara ya da görevlilere böyle itaat eder?

Yeşaya 55:8-9'da, *"Çünkü benim düşüncelerim Sizin düşünceleriniz değil, Sizin yollarınız benim yollarım değil diyor RAB. Çünkü gökler nasıl yeryüzünden yüksekse, Yollarım da sizin yollarınızdan, Düşüncelerim düşüncelerinizden yüksektir"* okuduğumuz gibi, insanın düşüncelerine ve teorilerine sıkı sıkıya tutunduğumuzda, Tanrı'nın sözüne itaat edemeyiz. Tanrı'ya itaatsizlik eden Kral Saul'un sonunu hatırlayalım. İnsanın düşüncelerine katıldığımız ve Tanrı'nın isteğine itaat etmediğimizde bu bir itaatsizlik davranışıdır ve eğer itaatsizliğimizi tanımakta başarısız kalırsak tıpkı Tanrı'nın kral Saul'u reddedip terk ettiği gibi bizi de terk edip reddedeceğini hatırlamalıyız.

1. Samuel 15:22-23 ayetlerinde şunları okuruz: *"Samuel*

şöyle karşılık verdi: 'RAB kendi sözünün dinlenmesinden hoşlandığı kadar Yakmalık sunulardan, kurbanlardan hoşlanır mı? İşte söz dinlemek kurbandan, Sözü önemsemek de koçların yağlarından daha iyidir. Çünkü başkaldırma, falcılık kadar günahtır Ve dikbaşlılık, putperestlik kadar kötüdür. Sen RAB'bin buyruğunu reddettiğin için, RAB de senin kral olmanı reddetti.'" Naaman iki kez düşündü ve kendi düşüncelerini yok edip, Tanrı adamı Elişa'nın söylediklerini uyguladı.

Aynı şekilde bizlerde ancak itaatsiz yüreklerimizi terk eder ve onları Tanrı'nın isteğine göre itaatli yüreklere dönüştürürsek, yüreklerimizin arzularına kavuşacağımızı hatırlamalıyız.

3. Naaman Peygamberin Sözüne İtaat Etti

Elişa'nın talimatlarını izleyen Naaman, Şeria Irmağına gitti ve yıkandı. Şeria ırmağından çok daha büyük ve temiz ırmaklar vardı ama Elişa'nın Naaman'dan Şeria Irmağına gitmesini istemesinin ruhani bir önemi vardı. Şeria Irmağı kurtuluşu, su ise insanları günahlarından temizleyen Tanrı Sözünü simgeler ve insanların kurtuluşa erişmelerini sağlar (Yuhanna 4:14). Bu sebeple Elişa Naaman'dan kendisini kurtuluşa eriştirecek Şeria Irmağında yıkamasını istedi. Diğer ırmaklar ne kadar büyük ve temiz olurlarsa olsunlar, bu ırmaklar insanları kurtuluşa taşımaz ve Tanrı ile hiçbir alakaları yoktur. Dolayısıyla bu sularda Tanrı'nın işleri ortaya konmaz.

İsa'nın Yuhanna 3:5'de, *"Sana doğrusunu söyleyeyim, bir*

kimse sudan ve Ruh'tan doğmadıkça Tanrı'nın Egemenliği'ne giremez, " dediği gibi, Şeria Irmağında yıkanarak Naaman için günahlarından bağışlanacağı ve kurtuluşu alacağı ve yaşayan Tanrı ile tanışacağı bir yol açıldı.

Peki Naaman'a niçin yedi kez yıkanması söylendi? "7" sayısı mükemmelliği simgeleyen bütün bir sayıdır. Elişa, Naaman'a yedi kez yıkanması talimatını vererek, komutana günahları için bağışlanmayı almasını ve tamamıyla Tanrı'nın Sözünde yaşamasını söylüyordu. Ancak o zaman her şeyin Kendisi için mümkün olduğu Tanrı, şifanın işlerini ortaya koyabilir ve tedavisi mümkün olmayan her hastalığı iyileştirebilirdi.

Bu sebeple, ne tıbbın ne de her hangi bir insanın tedavi edemeyeceği deri hastalığından peygamberin sözüne itaat ettiği için şifa bulduğunu öğreniriz. Bununla ilgili kutsal metinler bizlere şunu söyler: *"Tanrı'nın sözü diri ve etkilidir, iki ağızlı kılıçtan daha keskindir. Canla ruhu, ilikle eklemleri birbirinden ayıracak kadar derinlere işler; yüreğin düşüncelerini, amaçlarını yargılar. Tanrı'nın görmediği hiçbir yaratık yoktur. Kendisine hesap vereceğimiz Tanrı'nın gözü önünde her şey çıplak ve açıktır"* (İbraniler 4:12-13).

Naaman, hiçbir şeyin Kendisi için imkânsız olmadığı Tanrı'nın huzuruna çıktı, tövbe etti ve O'nun isteğine itaat etti. Şeria Irmağına yedi kez dalıp çıktıkça Tanrı onun imanını gördü, deri hastalığından onu iyileştirdi ve Naaman'nın teni eski halini alıp bebek teni gibi tertemiz oldu.

Tanrı, deri hastalığının iyileşmesinin ancak Kendisinin

gücüyle mümkün olduğunun kanıtını bizlere göstererek, O'nu eylemlerin eşlik ettiği imanla hoşnut ettiğimiz sürece her türlü tedavisi mümkün olmayan hastalığın şifa bulacağını söyler.

Naaman Tanrı'yı Yüceltir

Naaman deri hastalığından iyileştikten sonra Elişa'nın yanına geri döndü ve ona *"Şimdi anladım ki, İsrail dışında dünyanın hiçbir yerinde Tanrı yoktur... Çünkü bu kulun artık RAB'bin dışında başka ilahlara yakmalık sunu ve kurban sunmayacaktır, "* dedi ve Tanrı'yı yüceltti (2. Krallar 5:15-17).

Luka 17:11-19 ayetleri İsa ile tanışıp deri hastalıklarından kurtulan on kişiyi betimler. Ancak onlardan sadece bir tanesi Tanrı'yı yücelterek İsa'ya geri geldi, yüzüstü İsa'nın ayaklarına kapanıp O'na teşekkür etti. 17 ve 18. ayetlerde İsa adama şöyle sordu: *"İyileşenler on kişi değil miydi? Öbür dokuzu nerede? Tanrı'yı yüceltmek için bu yabancıdan başka geri dönen olmadı mı?"* Bu ayetleri izleyen 19. ayette adama dönerek, *"'Ayağa kalk, git' dedi. 'İmanın seni kurtardı'"* Eğer Tanrı'nın gücüyle şifa bulursak, sadece Tanrı'yı yüceltmekle, İsa Mesih'i kabul etmekle ve kurtuluşa sahip olmakla kalmamalı ama ayrıca Tanrı'nın Sözüne göre de yaşamalıyız.

Naaman'ı o zamanların tedavisi mümkün olmayan cüzzam hastalığından iyileştirecek böyle bir imanı ve eylemi vardı. Tutsak olarak alınan bir hizmetçi kızın sözlerine inanacak kadar iyi bir vicdanı vardı. Peygamberi değerli hediyelerle ziyarete hazırlandığı bir imana sahipti. Her ne kadar Peygamber Elişa'nın talimatları kendi düşünceleriyle çakışmış olsa da, itaatini eylemlerle gösterdi.

Bir zamanlar tedavisi mümkün olmayan hastalıktan çeken Yahudi olmayan Naaman, hastalığı sayesinde Yaşayan Tanrı ile tanıştı ve şifanın işlerini tecrübe edindi. Her kim kudretli tanrı'nın huzuruna gelir ve imanıyla eylemini gösterirse, ne kadar zor olursa olsun sorunlarının yanıtlarını alacaktır.

Değerli imana sahip olmanız, onu eylemlerinizle göstermeniz, yaşamınız da ki tüm sorunların yanıtlarını almanız ve Tanrı'yı yücelten kutsanmış birer aziz olmanız için Rab'bimizin adıyla dua ediyorum.

Yazar:
Dr. Jaerock Lee

Dr. Jaerock Lee, 1943 yılında Kore Cumhuriyeti'nin Jeonnam eyaletine bağlı Muan'da doğdu. Yirmili yaşlarında yedi yıl süren ve tedavisi mümkün olmayan birçok hastalıktan dolayı ıstırap çekti ve iyileşme umudu olmadan ölümü bekledi. Fakat 1974 yılının bir bahar gününde, kız kardeşi tarafından bir kiliseye götürüldü ve orada dizlerinin üzerine dua etmek için çöktüğü anda, Yaşayan Tanrı O'nu tüm hastalıklarından bir anda iyileştirdi.

Dr. Lee, bu olağanüstü tecrübenin akabinde karşılaştığı Yaşayan Tanrı'yı o andan itibaren tüm kalbi ve samimiyetiyle sevdi ve 1978 yılında Tanrı'ya hizmet için göreve çağrıldı. Tanrı'nın isteğini tüm berraklığıyla anlayabilmek, bir bütün olarak üstesinden gelmek için kendini adayarak dua etti ve Tanrı'nın Sözüne itaat etti. 1982 senesinde Seul, Kore'de Manmin kilisesini kurdu ve bu kilisede mucizevî şifa ve kerametler gibi Tanrı'nın sayısız eserleri meydana gelmektedir.

Dr. Lee, 1986 yılında Kore İsa'nın Sungkyul kilisesinin senelik toplantısında papazlığa atandı ve 1990 yılında vaazları Avustralya, ABD, Rusya, Filipinler ve daha pek çok yerde Uzakdoğu Radyo Yayın Şirketi, Asya Radyo İstasyonu ve Washington Hıristiyan Radyo Sistem yayıncılık şirketleri tarafından yayınlanmaya başlandı.

1993 yılında Manmin Kilisesi Hıristiyan Dünya dergisi (ABD) tarafından "Dünyanın birinci sınıf 50 Kilisesi"nde biri seçildi ve Dr. Lee, Florida, ABD'de bulunan Christian Faith Üniversitesi İlahiyat fakültesinden fahri doktora derecesini aldı. 1996 yılında ise Iowa, ABD Kingsway Theological Seminary'de papazlık üzerine doktorasını yaptı.

1993 yılından beri Dr. Lee, Tanzanya, Arjantin, Uganda, Japonya, Pakistan, Kenya, Filipinler, Honduras, Hindistan, Rusya, Almanya, Peru, Kongo Demokratik Cumhuriyeti ve Amerika'nın New York eyaleti olmak üzere pek çok uluslararası misyonerlik faaliyetlerinde bulunmuş ve dünyanın uluslararası misyonerlik çalışmalarında öncüsü durumuna gelmiştir. Bu sebeple 2002 yılında Kore'de bulunan birçok Hristiyan gazetesi kendisini "Dünya Çapında Papaz" ilan etmiştir.

2013 Şubat tarihi itibarıyla, Manmin Merkez Kilisesi, 120,000'den fazla üyesi olan, dünya çapında 10,000 yerel ve uluslararası şube kiliseleri bulunan ve ABD, Rusya, Almanya, Kanada, Japonya, Çin, Fransa, Hindistan, Kenya gibi 23 ülkeye 129'den fazla rahip atayan bir cemaattir.

Bu güne kadar Dr. Lee en çok satan kitaplar listesine giren *"Ölümden Önce Sonsuz Yaşamı Tatma"*, *"Benim Hayatım, Benim İmanim 1 & 2"*, *"Çarmıhın Mesajı"*, *"İmanın Ölçüsü"*, *"Göksel Egemenlik 1 & 2"*, *"Cehennem"* ve *"Tanrı'nın Gücü"* eserleriyle birlikte 84 kitap yazmış ve bu kitapları 75'den fazla farklı dile çevrilmiştir.

Dini makaleleri *The Hankook Ilbo, The JoongAng Daily, The Chosun Ilbo, The Dong-A Ilbo, The Munhwa Ilbo, The Seoul Shinmun, The Kyunghyang Shinmun, The Korea Economic Daily, The Korea Herald, The Shisa News*, ve *The Christian Pres* dergi ve gazetelerinde yayınlanmaktadır.

Dr. Lee şu anda birçok misyonerlik kuruluşunun ve derneğinin kurucusu ve başkanıdır. Bunlardan bazıları şunlardır: Birleşmiş Kutsallık Kilisesi Yöneticisi (The United Holiness Church of Jesus Christ), Manmin Dünya Misyon Başkanı (Manmin World Mission), Global Hristiyan Network (GCN-Global Christian Network) Kurucusu ve Yönetim Kurulu Başkanı, Dünya Hristiyan Doktorları (WCDN- The World Christan Doctors Network) Kurucusu ve Yönetim Kurulu Başkanı, Manmin Uluslararası Seminer (MIS-Manmin International Seminary) Kurucusu ve Yönetim Kurulu Başkanı.

Göksel Egemenlik I & II

Göksel ahalinin keyfine vardığı muhteşem güzellikte ki yaşama ortamının detaylı bir taslağı ve göksel egemenliğin farklı katlarının güzel bir açıklaması

Hayatım ve İmanım I & II

Karanlık dalgalar, evlilik sorunları ve derin çaresizliklerle geçen yaşamı, Tanrı'nın sevgisiyle tekrar doğan ve okuyucularına hoş kokulu ruhani aroma yayan Dr. Jaerock Lee'nin otobiyografisi.

Çarmıhın Mesajı

Ruhani uykuda olan tüm insanların uyanmasını sağlayan güçlü bir mesaj! Bu kitapta İsa'nın niçin tek Kurtarıcı olduğunu ve Tanrı'nın gerçek sevgisini keşfedeceksiniz.

İmanın Ölçüsü

Sizin için gökler nasıl bir yer, ne tip bir taç ve ödül hazırlandı? Bu kitap sizlere imanınızı ölçebilmeniz ve en iyi ve en olgun imana sahip olabilmeniz için bilgi ve rehberlik sağlar

Cehennem

Tek bir canın bile cehennemin derinliklerine düşmesini arzu etmeyen Tanrı'dan tüm insanlığa içten bir mesaj! Aşağı ölüler diyarı ve cehennemin daha önce hiç açıklanmamış acımasız gerçeğini keşfedeceksiniz

www.ingramcontent.com/pod-product-compliance
Lightning Source LLC
Chambersburg PA
CBHW020319130626
46549CB00003B/933